The Secret of
Obtaining Angel Investment

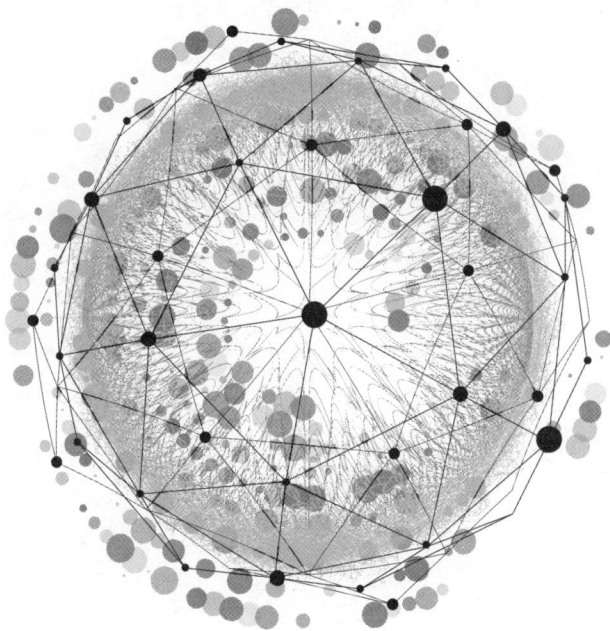

"天使"为什么投他们

创业者的心理基因

创业基因解码

吴　忧/著

中华工商联合出版社

图书在版编目(CIP)数据

"天使"为什么投他们：创业者的心理基因 / 吴忧
著. -- 北京：中华工商联合出版社，2016.3
ISBN 978-7-5158-1615-9

Ⅰ.①天… Ⅱ.①吴… Ⅲ.①企业管理－应用心理学
Ⅳ.①F270-05

中国版本图书馆CIP数据核字 (2016) 第 039254 号

"天使"为什么投他们：创业者的心理基因

作　　者：吴　忧
责任编辑：胡小英　邵桃炜
封面设计：周　源
责任审读：郭敬梅
责任印制：迈致红
出版发行：中华工商联合出版社有限责任公司
印　　刷：北京米开朗优威印刷有限责任公司
版　　次：2015年3月第1版
印　　次：2015年3月第1次印刷
开　　本：710mm×1020mm　1/16
字　　数：150千字
印　　张：13
书　　号：ISBN 978-7-5158-1615-9
定　　价：45.00元

服务热线：010-58301130
销售热线：010-58302813
地址邮编：北京市西城区西环广场A座
　　　　　19-20层，100044
http://www.chgslcbs.cn
E-mail: cicap1202@sina.com(营销中心)
E-mail: gslzbs@sina.com(总编室)

凡本社图书出现印装质量问
题，请与印务部联系。

联系电话：010-58302915

CONTENTS
目 录

第一篇　向内　驱动力

> 人和人最小的差距是智商；最大的差距是坚持。
>
> 为什么刘强东从人民大学毕业后还去摆地摊？为什么褚时健75岁开始种橙子？为什么马云高考数学只考了1分，还敢连续复读？
>
> 我们发现，能够自我驱动的人往往具有一颗强大的内心，让他们时刻焕发激情。

第二篇 向外 影响力

> 得人心者得天下,失人心者失天下。
>
> 俞敏洪凭什么说服徐小平,毅然决定回国一起创业?唐骏在微软工作时,怎么做到能叫出一千多员工的姓名?瑞士顶级名表百年灵、美国克莱斯勒大切诺基JEEP,它们为什么选择王石做广告代言?
>
> 影响力高的人总是不乏话语权和支持者。影响力作为一种为别人所乐于接受的方式,改变他人的思想和行动。

第三篇　挑战　创造力

成功不仅仅因为拥有多少经验，而是取决于跨越了多少挑战。

小米的雷军干嘛要去做装修？徐峥为什么把《港囧》包装为金融产品？黄太吉的赫畅为什么想把煎饼卖到美国？

他们能够拆除思维里的墙，主动打破经验的枷锁，构建一套全新的思维方式。

第四篇　实干　行动力

> 你既然认准一条路，何必去打探要走多久？
>
> 为什么宗庆后42岁才开始蹬三轮卖冰棍？为什么任正非44岁离了婚又被单位开除，还是闲不住？为什么史玉柱一败涂地后还非要自找苦吃？
>
> 这些说干就干的企业家，从不迟疑、从不犹豫。在"做"的过程中，所有的艰辛都是行动的激情与乐趣。

PREFACE 推荐序一
成为真正的自己

◇郭 为

　　十多年以前没有"创业者"这个概念，那时候叫"下海"。不管是当时的"下海"还是今天的创业，一定要想清楚自己从哪里来，不要仅仅想自己的梦想，因为你最终要成为你自己。

　　1988年我加盟联想的时候，和今天的创业没什么差别。那时全国每年毕业的研究生只有两万人，想选个好工作，机会多的是。我到联想的初衷，就是想把个人价值发挥到最大程度。

　　从这个角度上来说，我自己也是一名"创客"，和今天的所有创客一样，都有一个梦想，这个梦想的实现，不是取决于你梦想的本身，而是取决于你从哪里来，因为这决定了你最终会走到哪里去。

　　我把自己比喻成一个老创客。因为我认为一家公司的转型，比创业还难。创造力极为重要，就像莎士比亚的戏剧把英语范式定型，京剧给中国戏剧的形式下了定义：一个马鞭代表一匹马，一个脸谱代表一种性格的人。

　　创业者要有应用情景的想象力，知道在什么情景下这个东西会发挥作用。这里面有两个核心：第一就是观念。创业企业对创业者本人和团队的要求都比传统企业更高，因为每个人都是自发去管理自己，自发约束自己，没有KPI（绩效考核），更不需要别人去激励他，是自我燃烧的类型，而且他们对成功的渴望是传统企业的员工没有办法比的。这就对创业者本人的心理素质提出了非常高的要求。

第二是投资者的认同，作为一个上市企业的领头人，你要想做一件新的事情，如果没有投资人的认可是很难的。所以今天的创业，我们必须要重视资本的力量，不仅仅是靠技术的创新或者模式创新的实践。

站在投资人的角度，我现在有投资一些企业或者跟一些创业企业合作，也会做一些天使投资。尽管我鼓励创业，但并不是所有人创业都能够成功。中国过去的文化是鼓励大学生找稳定的工作，现在应该变了，要鼓励孩子们去闯一闯，试一试。哪怕创业两三年没成功，再去找工作也没有关系。如果不曾尝试过，怎么有可能成为最好的自己呢？

创客最核心的东西是要善于总结。一是对自己的总结，是不是创业这块料，如果一次两次三次都搞不清楚，这个人就不可救药了。第二才是总结事情本身，是不是有商业价值。做企业做到最高层次，是要做出社会价值。世界上什么机构存在时间最久？一是学校，二是教堂，因为它们的社会价值巨大，所以长青。

今天正处于所谓创业最好的时期。一是技术快速变革；二是社会变革。中国社会正在转型升级，会产生很多新的需求。现在在中国这两个因素会聚到一起，就产生了大量的创业机会。机会面前人人平等，你首先需要对自己有清楚的认识、对自己的能力有清晰的洞察，然后带着你的梦想和坚持去做，最终成为真正的自己。

在《"天使"为什么投他们》这本书里，我看到了许多正在努力成为真正的自己的年轻人，他们一边在经营自己的梦想，一边在活出最真实、最纯真和最本色的自己。

（郭为：神州数码控股有限公司董事局主席。25岁加入初创阶段的联想集团，后任联想神州数码有限公司总裁。2001年神州数码在香港联合交易所主板上市，目前营业收入超过600亿港币。）

PREFACE 推荐序二
创业，勿忘初心

◇谢 宏

对于创业者来说，这是一个最好的年代，也是一个最坏的年代。

相比以前，现在的创业者幸福多了。1992年我创业时，创办中外合资企业需要政府批文。跑下来一套营业执照，光拿批文就花了半个多月，而且这已经是当时浙江企业中最快办出来的，一般两三个月办下来都属正常。而现在，连注册资金都没太多要求，只要想到一个不重叠的公司名，马上就可以注册开张。

这两年我接触了很多热情高涨的新创客们，他们心里琢磨的是BP（商业计划）和VC（风险投资），想到的很多都是"我有一个很好的idea，需要平台和资金助我一臂之力"，他们最重要的创业准备就是讲一个漂亮的商业故事，来取悦和吸引风险投资的口味和趣味。然而这样的做法却进入了一个迷思和怪圈，好像只要有了风险投资的加入，创业就成功了一大半。

作为一个"老创客"，我是反对一些"你就是那个人"、"成就梦想，超越人生"之类的创业鸡汤的。这个社会从来不缺乏打鸡血，而是缺乏一种冷静的思考。年轻人喜欢创业是好事，但不是所有人都适合创业，这条路是痛苦的，甚至是崩溃的。

创业前你必须要考虑清楚：创业到底意味着什么？为什么要创业？创业成功的关键因素又是什么？运气、胆识、才能、资金还是人脉？机会、行业和团队哪个才是重要的？如果成功了会怎么样？如果不成功，如果惨败了，又该怎么办？

创业成功的因素有很多，其中我认为最重要的还是要坚定信念，义无反顾。如果你下决心要作为一个创业者，你可能就要想好，这是一个生活方式的选择，是一个生涯规划，而不是一个职业选择。所以创业者要做好充分的思想准备，坚持坚持再坚持，遇到挫折的时候，更要及时总结经验教训，吸取经验教训，做到愈挫愈勇。没有人可以不交学费、不付代价、不犯错误就获得成功。

我个人有一个深刻的体会，成功一定是偏爱准备更充分的头脑。创业者首先要做好心态上的准备，先自我审视，判断自己是否适合创业；问问自己，能否突破性格局限、突破思维方式局限。在《"天使"为什么投他们》一书中，我们看到了创业者身上的一些突出"特质"。首先，创业者在性格上要有非常强的掌握自我命运的自主性；第二，从专业角度来说，要有商业头脑，拥有对商机的判断能力；第三，要有决断力和组织执行力。此外还要有冒险精神，因为商业中往往风险与机会并存。

希望这本书能为众多准备创业的年轻人和刚刚启程的创业者带来不一样的思考。创业不仅仅是有一个商业创意就可以的，在通往成功的征途上，需要用我们所有的激情和智慧，去夯实创业的初心。

（谢宏：贝因美婴童食品股份有限公司创始人。15岁上大学，26岁创立
贝因美，贝因美于2011年在国内上市，目前营业收入超过50亿元。目前贝因
美品牌在中国婴幼儿奶粉行业排名前三，在世界排名前五。）

FOREWORD 前 言
提炼创业者的"心理基因"

◇吴 忧

　　一边是疯狂裁员的500强企业，以及组织模式由扁平到极简的演变趋势，让"管理者"这一岗位的需求下降；一边是资本从暗流涌动转向大肆渲染，鼓励创业的政策红利更是引发了万众创业的风潮。大学生把创业当成了职业的另一种选择，社会风气的导向和资本的诱惑点燃了年轻人胸膛里的英雄梦。比尔·盖茨和扎克伯格的辍学似乎讽刺了学位的意义；俞敏洪的中国合伙人和刘强东的练摊式创业原本都不在其预设的职业轨道中，却以弯道超车方式诠释了新知识青年白手起家的神话。

　　我们既无法去定义成功，也无法复制成功。作为中国知名的人才测评机构、人才战略与人才梯队建设领域的领航者，"人才知了"把更多的精力放在研究那些正走在荆棘密布的创业道路上的青年人。我们好奇地发现他们身上总有一些独特的地方，或者是思维、或者是动机、或者是一些稳定的人格特质，这些奇妙的特质能够支撑他们在创业的道路上蹒跚前行。

　　我们将这些奇妙的特质称为"创业基因"。它既不是成功基因，也不是企业家基因；我们用"创"这个字，去表达"业"的开始。与优秀的管培生、出色的职业经理人相比，这群只有微薄的职业经验和社会阅历的年青人，离开校园不久便依靠自己的智慧和创意首先去获得资本的认可，然后再一步一步地走向通往组织成功和商业成功的曲折道路上。在这条充满未知变数的曲径中，他们也可能获得阶段性的成功，也可能一败涂地。但无论怎样，他们已经走在这条道路上，离梦想的实现又近了一步。

创业成功依旧是小概率事件，全球各地无一例外；当百年老店的企业站在历史的洪流中时，也不过依旧是转瞬即逝的炫丽焰火。尽管如此，这并不妨碍他们曾经的美好，也不影响我们对他们在各自的巅峰时刻所创造价值的理性评判。这条路上不存在着真正的快和远。

2002年，《基业长青》这本书曾对高度成功、富有生命力的公司进行了生动深入地分析，充满新颖的见解和确凿的结论描述了18个卓越非凡、长盛不衰的组织的成功经验，用历史的视角概括了所谓真正杰出、历经岁月考验的百年企业从创业之初发展至今的情况。然而仅仅十余年过去，这18家在工业革命时期繁荣昌盛的组织，在互联网时代却早已时过境迁。"巨人倒下时，身上还是暖的"，创业本身就是一个试错的过程。

这是年轻人创业最好的时代，所有勇于实现梦想的年轻人都可以在创业这块战场上恣意挥洒青春。种子投资、天使投资、人才VC的纷至沓来，体现了项目角逐之外、资本对人才的接纳和试错的包容。人才投资基金在国内举办了首个针对高端人才投资的精英选拔赛"千万奇才"，通过选拔有能力实现企业高速成长的人才，然后将此人才连同资金一同放到投资的企业中去，保障投资安全和收益。资本开始对人才本身感兴趣，注意力开始由对项目的孵化转向对人才的孵化。

《哈佛商业评价》指出："领导自身卓越，经验就不是个事儿。"既然经验说明不了什么，那么究竟是什么因素可能会造就创业成功呢？在历史裂变下，创业基因的研究正是契合这一时代主题，将"有可能创业成功"的人才特质进行采集和提炼，为资本机构、二次创业的企业、创客组织和创业团队自身，用人才管理的视角解读有志于"业"的开始（或重新开始）的新时代知识青年。

不要试图解决所有的问题，而是应学会与问题共存。世界上最完美的事情，其实是既没有完美的企业，也没有完美的企业家。富有冒险精神的家伙们带着试错的勇气，没有选择在优秀的职业经理人队伍中成为平凡的一员；而是选择了在创业的道路上与各种各样的问题共同生存。他们努力去赢；同时，也坦然面对体面，并且有尊严地输。

本书寻找了12位能够体现创业基因的某些核心特质的创业者，他们中年龄最大为35岁、最小为23岁，拥有良好的教育背景；大多已经或即将完成了由种子到A轮这个初期资本孵化的过程。我们把他们比喻为"进入国家队之前的青少年种子选手"，通过"人才知了"在心理学方面的诠释以及人才大数据的积淀，解读他们的人格特质。

两三年以后，我们希望本书能够再出一本续集，它可以叫作《从A轮到IPO——创业基因解码2.0》，追踪报道本书中的主人公们在争取金牌的道路上的人生故事，以回顾性的视角继续研究这些曾经取得突破性胜利的小家伙们，或是那些为自己的梦想不留遗憾、且有尊严地输的小勇士们。

INTRODUCTION 导 论
创业基因，帮你做出合理的人生选择

为什么有那么多人削尖了脑袋去考公务员？为什么有人敢把工作裸辞了去环球旅游？为什么有人借钱去炒股？我们每一个行为的背后，是个人有目的的选择。

我们常常会感叹：人与人是那么的不同。有人激进、有人保守，有人张扬、有人内敛，有人追求稳定、有人喜欢新鲜。我们把人的持久而稳定的特点，就是他在各种情境下都表现出的这些特点称为人格特质。这些稳定而独特的人格特质深远地影响着人的行为和选择。

看到那些创业成功的人们，你动过心吗？然而最终你又做出了怎样的决定呢？

我们通过对大量的年轻创业者进行研究，发现他们身上具有一些共性的首要特质。这些最典型、最具概括性的特质，是支持着他们真正地、毅然决然地开始走向创业的第一步，而不是站在原地一边去羡慕别人、一边犹豫不决。

我们总共提取了创业者身上共性的四大类个性因子，把它称为"创业基因"（见下图）。当然，这些个性特征的因子并不会像生物基因那样，完全由遗传决定。但是它们与生物基因的某些特点非常类似，例如能忠实地复制自己，它的存在方式能够决定生命的性能和质量。这四大类因子里面嵌含着若干的小因子，随着我们研究的继续，还会对其中的一些小因子进行修订。

创业GENE模型

我们开发了创业基因的心理测评工具，它可以深刻地检测到你的个性特征，快速对比你与真正的创业者之间的差别；同时它能够帮助你在创业、职业生涯规划或其他的人生方向上做出更加合理的选择。

在完成对自己的探索过后，我们还能够帮助你扬长避短、塑造优势、链接创业资源、向投资人推荐鲜活的你。让你自己和社会都认识到你最独特的方面，并获得最有价值的人生。

扫一扫下面的二维码，你可以进入到"镜子"的心理世界，了解最深层次的自己，并成为最美好的自己。

PART 1 第一篇
向内 驱动力

人和人最小的差距是智商；最大的差距是坚持。

为什么刘强东从人民大学毕业后还去摆地摊？为什么褚时健75岁开始种橙子？为什么马云高考数学只考了1分，还敢连续复读？

我们发现，能够自我驱动的人往往具有一颗强大的内心，让他们时刻焕发激情。

吴一黎

成就动机：从西装到围裙的坚守
——3D煎饼打印机打出的梦想

吴一黎， 男，1984年出生，清华大学软件专业第一届毕业生，食好运餐饮创始人、"小飞侠"3D煎饼机联合创始人。2014年放弃百万年薪再次创业做煎饼，获得徐小平的300万元天使投资。2015年4月，在一次同学饭局上，与做3D打印的施侃乐二人萌发了做3D打印煎饼的想法。目前他们的项目已获得1000万元的天使轮投资，由泰有基金领投，泰益基金、易一天使、老鹰基金、真格基金跟投。

再见了，清华园

> 轻轻的我走了，正如我轻轻的来；我不能放歌，悄悄是别离的笙箫；
>
> 悄悄的我走了，正如我悄悄的来；我挥一挥衣袖，不带走一片云彩。

从北京四中考上清华软件学院，这在老师和同学们的眼里似乎是顺理成章的事情。临近大学毕业时，同学们都在欢天喜地地准备迎接精彩的新生活，吴一黎却突然有一种莫名的失落感，仿佛即将要告别的不是校园，而是自己内心的一部分。打小一路根正苗红，老老实实好好学习乖乖长大，还没来得及对自己的青春驻足欣赏，它却像一只无法驾驭的小马一般宛然飞奔离去。

清华这四年下来，跑了一场马拉松，跳了一阵古典舞，跟女友谈了四年恋爱；去微软实习了几十天，一心一意想留下时，却在微软100分的考试中只得了11分。眼看青春即将带着遗憾匆匆谢幕，这让一黎多多少少带着一些悲壮的心情开始思忖：怎样才能给青春盖上一个完美的印章？

除了清华这个标签以外，一黎发现自己一无所有。唯一可以做的，就是在揭下这个标签之前让它更闪耀。一黎拉着七个考上清华的四中高中同学，到北京的远郊区县有模有样地办了个培训班——"如何从四中考上清华"。

培训班的目的不仅仅是赚钱，它一开始就是在一黎的精心设计下，正儿八经地按照公司的模式去运营。首先是股权架构和激励机制的设计；然后是运营中各个环节的分工，谁负责课程设计，谁负责公关宣传，谁负责行政物资。一黎需要在各个环节中保证每一个人的责权利对等，一切都以组织化运作的方式有条不紊地进行着。

十天下来，除去场地、交通和吃饭等成本，七个同学共同实现纯利润三万元。平均每人净得4000多块钱，当时相当于一个清华学生大四全年的生活费。

走着走着，就散了，回忆都淡了；
回头发现，你不见了，突然我乱了。

怀揣着Oracle（甲骨文公司，全球最大的企业级软件公司）的offer，再见了，清华园！

从甲骨文到煎饼摊

在世界上最酷的公司里，和一群最优秀的人在一起，一黎开始了激情满满的外企职场新生活。一黎作为公司精心选择的百名管培生中的一员，在一个远离市区的酒店里整整封闭培训了两个月。原来那些不务正业的爱好——跑步、跳舞和出风头，却让一黎被大家牢牢地记住和喜欢。

最具有挑战性的销售岗位，没有悬念地落在一黎身上，每天一睁眼就是指标、配额、任务，就像出租车司机一样，满脑子都是欠下的份子钱。第一个财季结束时，一黎的销售业绩是零。培训时的风光无情地扫地而去，老板给人力资源部发了邮件：下个月再拿不回来300万元，一黎就不用再上班了。

鲁迅说过："悲剧就是把美好的东西撕碎了给你看。"拥有清华的标签又能怎样？在KPI面前，人人平等。

横了心，豁出去也不能等死。听说南方一个客户的商务总监生病了，一黎从北京买了40斤水蜜桃，跑到深圳在客户的楼下足足蹲了两天，从早到晚地给这位商务总监打电话。第三天早上，总监主动打电话邀请一黎到他办公室。当一黎把40斤桃子递给他的时候，总监拎了一下居然没拎动。销售是一个既不同情眼泪也不相信神话的角色，付出了未必一定有收获，但不付出肯定不会有收获。

就像励志电影中的故事一样，在销售岗位上，一黎一步一个脚印地成为一名出色的大Sale，也顺理成章地跳槽到了IBM软件部，头衔是电子商务中国区销售负责的Sales Leader。28岁那年，年薪已经超过百万的一黎，最多的一个月里拿到了19万元的收入。他和在投行任职的老婆一起，很快便凭着自己的努力与专注，过上了轻奢的小日子。

每次同学聚会都风风光光，生活完美得有点不真实；浮云流水的日子里却也未能安抚内心的暗流涌动。2012年打下一个大单之后，一黎和老婆一起用裸辞的方式揭掉外企的职业标签，那一刻他才突然真实地感受到，那个清华的他、那个年少懵懂的他、那个把徐志摩的诗写在笔记本上的他，才是真正不戴面具的自己。一个人如果不能赤裸裸地和自己的内心坦然相处，就算成为另一个比尔·盖茨又有什么意义呢？

　　就在这时候，老婆怀孕了。大家都说这小两口实在是任性，既没有工作，也没有方向。一天早上，刚刚经历了痛苦的早孕反应的老婆，眼睛里带着小女生的朦胧，说她小时候最大的幸福感就是吃上一个热气腾腾、葱香四溢的煎饼。从那一刻起，一黎的煎饼人生正式开启。

　　一黎脱掉了精细而质感的西装，换上了廉价的粗布围裙。在2014年7月的这个毕业季节，一黎当真摆了个八平方米的煎饼摊，全心全意地卖起煎饼来。北京分明的四季伴随着葱花的味道，小竹棒麻利地敲碎鸡蛋，发出清脆的啪啪声，这就是一个清华软件学院第一届毕业生的伟大人生。

　　每天凌晨三点，一黎和怀有六七个月身孕的老婆就开始了摊煎饼的日子。每天干到晚上十点，天天二十多个小时守在小小的煎饼店里。面汁柔润而均匀地在饼铛上蔓延成一个优美的圆形，随之一阵水气如薄雾般冉冉升起。每天夜里打车回家时，浑身的汗味夹杂着大葱味混合在一起堪比农民工的体味，让出租车司机都不愿意载他们。然而对于丢掉西装领带的一黎来说，专注地做一件喜欢的事情，这种快感甚至远远地超过了拿到19万元奖金的那一刻。

　　由于缺乏经验，除去采购备料等，每天卖煎饼的有效时间只有十多个小时。面要自己和，调料自己配，剁葱花时常剁得泪流满面。那时候还没有互联网营销和微博微信，也没有黄太吉、西少爷似的营销之道，一黎每天的计时不是以小时和分钟来计算的，而是以煎饼个数来计算的。他的时间里，每天卖出300张煎饼才是真真切切的计时工具。小店每月流水约九万元，利润为3~4万元，一天十几二十个小时下来，收入还不及夫妻二人在外企的三分之一。

煎饼有一千多年历史，北京每天有十万人在吃煎饼，单单北京一个城市，每年煎饼的消费市场就超过三亿元。全国无数的煎饼摊都没有主导品牌，这个百亿的市场无疑是一个巨大的、产业集中度却极低的空间。一黎做的是自己研发的山东系煎饼：脆皮和辣酱是老干妈的，榨菜是涪陵的，花生是四粒红的，鸡蛋是德清源的，薄脆油条是现场制作的，无矾无铝。一黎的煎饼不用甜蜜素，不用地沟油，他坚持保证自己亲手做出的每一个煎饼，从口味和质量上都能达到让怀孕老婆吃着都可以放心的水准。

史上最值钱的煎饼

一身煎饼味的一黎，带着他的煎饼坦坦荡荡地参加同学聚会，他一点不觉得摊煎饼有什么抬不起头来。清华室友施侃乐在2014年年初从法国回国后开始了3D打印机事业，这个拥有博士学位的校友已经获得了著名投资人徐小平老师的支持。

施同学在跟徐小平老师聊天时说起他们清华大学里，居然有一个同学在支小摊摊煎饼！徐小平对这个"清华煎饼"产生了巨大的好奇心，便约一黎送个煎饼来尝尝。

2015年春节的一天，一黎拖着煎饼原料和40公斤的炉子来到徐家，现场摊了一个煎饼请他品尝。徐老师问，开一家煎饼店要多少钱？一黎回答需要30万元。没有商业计划，也没有路演融资，就为这份撒在葱花上的执拗与坚持，徐小平老师当场给了一黎300万元的投资让他去开十家煎饼店。徐老师打趣地说：这是他吃过的最贵的一张煎饼！

　　八平方米的小店就此开始了伟大的扩张计划，随着另外三家煎饼店紧锣密鼓地开张，中央厨房也开始运转。一个朋友问他：你究竟为餐饮业改变了什么？一黎愣住了，他无法回答。难道就是为了成为煎饼行业的麦当劳吗？

　　在同学又一次聚会聊天时，大家相互调侃着，一个3D煎饼打印的念头被一黎当成玩笑说了出来。当大家冷静下来以后，却当真发现这是一个伟大的发明，它可以改变餐饮业手工化、作坊式的产业格局。

　　历经半年的时间，一款经过改良的全新3D西式煎饼伴随着熟悉的食材味道诞生了，各种挖苦和嘲讽比排队买煎饼的人还要多。3D煎饼的所有工作流程都由电脑控制，打印一个图像需要2～4分钟，实现了一个人可以同时完成20张煎饼的规模化操作。这一改变结束了煎饼只能通过低效率的手工完成制作的传统模式，开启了煎饼工业化生产的时代。

　　接下来是进行煎饼定制化和艺术化的设计，在煎饼中打印上照片、文字、图案和各种客户随心所欲的符号，这些情感元素让煎饼不再仅仅是可以果腹的食品，而是给了你一份从舌尖流淌到心头的、完整而愉悦的体验。

舌尖上的传媒

　　在3D打印技术刚刚起步的时代，2014年全国的3D打印市场总量只有10～20亿元，这个规模甚至远远低于煎饼市场。消费者不会仅仅由于这个概念新奇就能够让这个市场无限放大，新奇过后的西式煎饼依旧离不开客户需求的真实存在。

　　这就必须为3D煎饼找到一个新的消费场景，除了那些只有在饿了的时候才会想到买个煎饼吃的人以外，还需要有一个新的目标市场，这样才能实现产业化的运作。

　　3D打印食物的技术并非史无前例，但是都无法实现大众应用。原因一是成本高，打印出巴掌大小的一块巧克力需要200块钱的成本，让消费者望而却步；二是许多食物在实现了工业化批量生产过后，却失去了手工工艺的原有味道。而一黎的3D煎饼每个售价10块钱，全部使用纯牛奶和面，不掺一滴水，原料成本也不会超过1块5毛钱。传统的煎饼本身毫无设计感，且口感并不过多地依赖于手工工艺的制作过程，这就为3D煎饼提供了巨大的创新空间。在保证价格与品质的基础上，将艺术性融入口感当中，将视觉和味觉的信息输入高效率地融为一体。

　　一方面，3D煎饼机可以为千千万万煎饼摊主和小商小贩提供设备，这样一黎面对的就不仅是四家煎饼店的客户，而是一整个百亿级的煎饼消费市场。另一方面，3D煎饼由于可以承载文字、符号、图案等多种信息，它本身即是一个绝佳的传播媒介。试想一下，当你走在街上，收到的不再是商家散发的小广告，而是在一个美味可口的煎饼上宣传自己产品的流动传媒，你能不为之所动吗？当你参加团队建设活动时，大家把价值观和团队目标打印在一个奶香四溢的3D煎饼上，你能不感到新奇和煽情吗？谁说食欲和媒介不能是一体化的解决方案呢？

雪花的快乐

　　从清华到甲骨文，从IBM到煎饼店，专注是一黎始终的烙印。那个固执到执拗的小伙子，不管是拎着40斤重的桃子去泡客户，还是扛着80斤重的煎饼锅去徐老师家摊煎饼，在一心一意地做一件事情时，一黎脑子里只有一个念头：为结果负责。那种心无旁骛的专注过程让一黎感到很愉悦，就像是直接升华到了马斯洛需求的最高层次——自我实现。

哪个清华学子不是跃跃欲试，哪个职场精英不是踌躇满志？走到后来，却又有多少人能够真正地沉下心来，不为名利、也不被别人的评价所累地坚持着做自己喜欢的事情？对普通家庭和传统教育造就的一黎而言，创业这件事并不在他为自己设计的职业轨迹当中。能够支撑着自己走到今天，一黎觉得自己无非是那点执拗使然。

油烟中，火炉下，旋转的面汁中扰动着徐志摩的真性情，死心塌地做出一个完美的煎饼，和志摩的用情至深并无两样。人生是一场有去无回的单程之旅，有人尽力而为则已，有人则全力以赴为之。

假若我是一朵雪花，翩翩地在半空里潇洒，
我一定认清我的方向——飞扬，飞扬，飞扬，
这地面上有我的方向。
不去那冷寞的幽谷，不去那凄清的山麓，也不上荒街去惆怅——
飞扬，飞扬，飞扬，
你看，我有我的方向！

人才知了

从"成就动机"解读吴一黎的创业基因

心理学家认为,"成就动机"(Achievement Motivation)是人格中非常稳定的特质,是个体追求自认为重要的和有价值的工作,并使之达到完美状态的动机,即一种以高标准要求自己,力求取得活动成功为目标的动机。

在创业人群中,在两类人中能够发现明显的成就动机,一类是"苦"孩子,也许来自偏远的小城市或农村,家境不是很优越,一路走来靠的是努力与坚持不懈,靠的是鱼跃龙门的期望,刘强东应该可以算这类人,老一辈("60"、"70后")的创业者中这类人居多。另一类是出生在生活条件比较优越的家庭,一路走来顺风顺水,创业更多是兴趣所在,从小就喜欢鼓捣些新东西,"80后"创业者、大疆无人机的创始人汪韬就是其中的代表人物。吴一黎无疑属于后者,也许是从小太"顺"了,成功在他看来成为一种必然。这种必然促使他不满足于现状,在过程中也能够承受暂时的挫折,因为这些都是到达彼岸的过程。

吴一黎身上体现了成就动机的两个鲜明特点:一是不满足现状、二是能够承受挫折。在甲骨文从事销售工作时、在小煎饼店一身油烟一身汗水地摊煎饼时,他所有的注意力都放在如何能够把这件事情做得更好上,即便遇到困难和障碍,也会想尽一切办法去克服。

成就动机是人格中非常稳定的特质,个体记忆中存在着与成就相联系的愉快经验，当情境能引起这些愉快经验时，就能激发人的成就动机欲望，是个体追求自认为重要的和有价值的工作，并使之达到完美状态的动机，即一种以高标准要求自己力求取得活动成功为目标的动机。

成就动机是创业基因的重要因子，它有助于创业者坚持不懈地实现目标，并富有明确的方向性和较强的责任心。成就动机能够很好地自我调节情绪，帮助创业者在逆境中不失斗志、在新的或不确定情景下敢于探索，不惧怕失败。

卢明霞

自我效能：晨祷中的使命

——高端求职者的黄埔军校

卢明霞， 女，1984年出生，2006年毕业于上海交通大学，拥有公共事业管理及会计学双学士本科学位。从上海交大毕业以后，卢明霞先后就职于美国英特尔公司、法国路威铭轩奢侈品集团，有着多年的培训工作经验。2008年，与丈夫（当时的男友）联合创立了一个咨询求职社区——"咨询的天空"。2011年，正式创办CareerFrog，专注于管理咨询、投行金融、四大会计师事务所、外企500强管理培训生和互联网等高端行业的在线求职培训、职业发展等服务。于2015年完成了500万元的天使融资，2016年初完成千万元级人民币的A轮融资。

卢明霞算是家境优越。20世纪80年代父母双双从效益良好的物资局下海之后，开始进行工业轴承的贸易和销售，夫妻二人齐心协力将这份产业打造得蒸蒸日上。

基督徒父母对明霞的教育非常严格。明霞小时候从来不知道什么是富二代、什么是白富美，她只是觉得自己的童年比其他小孩要严苛和辛苦得多得多。

柔和谦卑的内在力量

20世纪80年代的上海是全中国最洋气的地方。刚刚脱离计划经济的"不患寡而患不均"，先富裕起来的一批人率先实现了社会阶层的划分。明霞的父母却对自家的姑娘分外地严格。

从小学一年级开始，明霞就被送到学校的游泳队参加训练。这是真正的体育训练，绝非兴趣班那样宽松和有趣。在小学一年级到三年级的密集训练期间，整整1000多个日子里，每天早晚各一个半小时的高强度训练，风雨无阻、从未间断。

小姑娘们每天早上不到七点便需要在学校集合，由老师带着一起走到区游泳馆训练；下午比其他孩子少上一节课，再走到游泳馆去进行训练。一两年下来，许多孩子都吃不消了，家长更是心疼无比，纷纷退去。明霞的父母却持之以恒地坚持着。

冬天的时候不仅要冬泳，而且要穿上一件毛织的泳衣进行负重练习。毛织的泳衣又湿又冷，明霞曾无数次哭着苦苦哀求父母，也无数次被父母温柔而坚定的信念所深深地感化，岂能轻言放弃？

上中学后明霞告别了游泳队，进入了田径队。本以为总算告别了湿冷的泳衣，可以在阳光明媚的操场上轻松地跑跑跳跳了，谁知道却是进入了一个更加艰苦和漫长的训练模式。

田径队一周训练四次，每周一三五放学后，再加上周六也必须全天参加训练。不管是闷热憋屈的梅雨季节，还是烈日炎炎的盛夏酷暑，每日围着操场跑上20圈是必修的功课。教练手里的秒表忠诚地记录着孩子们的成绩，铁面无私地惩罚着不能跟上速度的姑娘：超过一秒多跑一圈。

在游泳队时，明霞还是个白白净净的小女孩；到了田径队，一下子变成黑黑壮壮的姑娘。同学们放学都可以直接回家，看看电视、追追明星、侃侃大山。青春的日子本该是用来享受的，明霞可没有这样的闲心思，在占据了大量的时间、消耗了大量体力的训练之外，她也需如所有同学一样正常学习、正常参加考试。

凭借着体育特长生的资格，明霞本可以顺利地直升高中。但她放弃了特长生的资格，只保留着心里的那份不气馁、不功利的体育精神，和普通小孩一样参加中考、高考，直到成长为一个内心柔和谦卑的大学女生。

咨询的天空

和多数普通人家的女孩一样，大学期间明霞每月的全部生活费是500块钱，父母从未给她提供更多的零花钱。大三的时候明霞通过应聘进入了世界闻名的咨询公司——麦肯锡，成为一名陌生电访的实习生。

比起整个少女青春时节的体育训练来说，这份每周三四次从闵行校区往返的路途奔波和每天几个小时拿着大黄页打陌生电话的工作实在算是既轻松又好玩的差事。明霞兴致勃勃地体味着实习生的新鲜感和好奇心，意犹未尽，随后又去应聘成为德勤的实习生。想把自己的价值饱满地利用并发挥出来。

在麦肯锡和德勤这种高度智力密集型的行业里，人是公司最大的"流动资产"，也是公司最为宝贵的财富。咨询顾问们永远都是一丝不苟的高档西装，笔记本电脑和拉杆箱是工作标配。他们本身就是公司的商品，他们的智慧既代表着公司为客户创造的价值所在，也彰显着自身职业生涯的强烈自尊与使命感。

想成为这其中的一员，必须经过层层筛选，排除万难后成为百里挑一的精英。同时成为两家国际最著名的咨询公司的职员更是难上加难，相当于千里挑一的幸运儿。明霞有幸同时作为麦肯锡和德勤的两家巨头公司的实习生，下午去一家公司做数据调研，晚上再去另一家公司做cold call，不亦乐乎地忙个不停。

好多同学都很想知道如何进入咨询公司的求职秘籍，渴望能够在层层筛选中获得梦寐以求的人生机会。明霞非常乐意与同学们交流如何进入咨询公司的成功经验，这既是自己的荣耀，也能够让其他人受益。

2008年的假期里，明霞当时的男友也是后来的丈夫首先推出了热门博客"咨询的天空——通往咨询的必经之路"，引得五万多名学弟学妹虔诚地跟帖学习。看到这么多粉丝如饥似渴，明霞便和男友一起创办了"咨询的天空"网站，"咨询的天空"是全国第一家，也是唯一一家专注于介绍咨询行业求职面试及应聘的网站，让更多的伙伴认识咨询行业、了解咨询行业，无私无偿地支持他们实现咨询梦想。

两人还合伙出版了一本图书《高端应聘：咨询行业求职面试全攻略》，主要是提供高端咨询行业求职应聘技巧方面的经验与成功面试的"必杀技"。明霞帮助候选人理清思路、扬长避短，聚集于咨询这个属于"出租头脑"的行业，针对各家咨询公司的业务特点，系统性地提供求职面试的案例和技巧。同时也帮助同学们真实地了解高大上背后的枯燥与辛苦，避免盲目性和功利性。

清晨的光和亮

大学毕业后，明霞在Intel的培训部门工作了几年，随后又跳槽到LV成为培训经理。几年的磨炼下来，俨然一副外企资深白领的样子，颇像升职之后的杜拉拉。

相比许多中国本土的企业，一些历史悠久的外资公司会更加注重对新员工的职业训练。小到部门会议之前的准备，和邮件编辑会议通知的细节，主送谁、抄送谁、密送谁等；大到跨国任务的推动执行，同一件事情如何能够得到美国、欧洲、亚洲不同肤色不同人种的同事的认同和支持，每件事情都有许多学问可以深究和领悟。明霞尽情地享受着国际大牌公司职业化的熏陶和渲染，直到辞去工作去美国陪丈夫读MBA。

从小一路都是冲着往前走的，突然一个急刹车安逸下来，成为一名自由到无边的全职太太，这种变化让明霞有点不知所措。在美国的日子里，她尽可能地贴近那种熟悉的忙碌。平日里，凡是可以家属陪读的课程明霞都上赶着去听课；周末时，参加社区基督家属的家庭聚会。

明霞结识了许许多多的朋友，这也让她在异乡不至于那么孤独寂寞。时而会有在美国读书的教友询问了解国内的就业形势等，明霞的古道热肠真真切切地为好多人提供了帮助。一个阳光明媚的早上，明霞在晨祷中突然想道：任何工作都是神圣的。那么何不将帮助同学求职变为一份持续的事业？

明霞为这个念头激动而忙碌着。在美国陪读期间便准备好了商业计划书，丈夫一毕业就回国进行了大学生创业基金的申请，得到了第一笔资金支持。招生工作在美国期间就已经开始条不紊地进行着，等回国的时候，第一个打造咨询职业梦想的培训班立即就开班了。

100多年以前，咨询公司是怎么产生的？

世界各大咨询公司的特色和现状是怎样的？

咨询顾问的工作职责是什么？

你离一名真正的咨询顾问有多远？

多轮面试，Are you ready?

……

两三千块钱的学费，四五天一个周期。对于那些真心想进入咨询行业的小伙伴们，这种职业投资简直就是雪中送炭。每门课程都紧扣着咨询行业的特色和模拟实战，从自我介绍到突出个人优势，从简历准备到结构化面试，从无领导小组讨论到案例分析，字字句句都是积累的干货，点点滴滴都是沉淀的精华。

CareerFrog，职场蛙跳

直到今天，明霞并不清楚父母的经济实力究竟是在什么水平。离开学校之后，她从未向父母提出过任何经济援助的要求。出国、创业，这都是她自己的事情，一切都依靠自己的能力去解决。

国定东路200号，上海创业者实训基地的4号楼，一间再普通不过的办公室里，卢明霞开始了全情投入的创业之旅。办公室窗台上，摆着一排造型各异的青蛙玩偶，公司起名CareerFrog，不仅是因为形象好记，也意喻着学员通过培训实现漂亮的职场一跃。

CareerFrog聚焦于大学毕业生最为向往的行业和企业，包括投资银行及金融行业、咨询公司、四大会计师事务所、快速消费品公司、外企500强管培和目前最流行的互联网公司。很多优秀毕业生经过层层网申和简历筛选，过五关斩六将地杀进最后一轮，却在最终的临门一脚的面试中惨遭淘汰。

　　CareerFrog帮助在校大学生和工作2～3年的职场年轻白领进入诸如管理咨询、投资银行、风险投资以及私募股权基金这样的高知行业。举办线上线下、in class和one-on-one的培训课程，请业内人士传授专业、实用、有效的求职技能以及职业技能。这些课程既是明霞感同身受的亲身体验，又能够发挥她在外企培训部门的工作经验。2013年，业内知名的两家咨询公司录取的员工当中，有一半接受过CareerFrog的培训。

　　亲身经历是最好的老师，这比什么理论都更加切实有效。明霞推出的"模拟面试服务"和"线下模拟小组面试"大受欢迎。课程分类简单直白，深入人心。管理咨询行业求职培训、投行金融行业求职培训、快消行业求职培训、四大会计事务所求职培训成为智力密集行业职场新人的"催化剂"。明霞真诚地希望他们在职场中能够跳得更高、更远。

　　海外市场的延伸是CareerFrog把跑道做大做宽的大动作。几番调研下来，明霞发现去英国留学的学生对回国工作的愿望更加迫切。一是英国学费较贵，留学生大多家境良好，父母和学生都希望将来能够从事高知行业；二是英国学制短，本科三年研究生一年，且英国的就业政策对于中国留学生来说，留下找工作是件不容易的事情。明霞精心策划了"Going home"这个走心的项目，把国内的求职培训机构带到国外，迅速打开了海外市场，成为中国赴英留学生心目中最具有影响力的培训机构。

　　是做成一个小而美的公司，还是做成一个有影响力的公司？前者可以让创业者在自己的舒适区里活得很舒服；而后者则需要更多的硬条件：例如一个足以让你取得成功的商业模式、一个能和你一起打拼的高效团队、一套资本运作的路线等。最重要的是，时间和精力会被投入到一个深深的无底洞中，里面充满未知和风险。"人生最大的遗憾并不是失败，而是还没有去尝试就放弃。"在2013年的俄罗斯G20青年企业家峰会上,明霞偶遇美国最大的在线旅游公司Priceline.com创始人Jeff Hoffman,"他的演讲对我的触动之大无法形容。不想当将军的士兵不是好士兵,不想做一件大事的创业者也不会是一个成功的创业者。"对明霞而言,不断把各种创业想法转化为现实,正是孜孜以求不容放弃的信念。

从俄罗斯回国后,明霞又尝试进入在线教育领域,创立了"8点后"在线P2P经验分享平台,利用Web和移动端,通过整合职场人士的碎片化时间,为有求职和职业转换需求的人士提供咨询和经验分享服务,获得经济和精神的双重回报。在信息爆炸的时代,在线P2P的资源匹配效率要远高于线下,这样的平台可以帮助大家在最短的时间内找到最合适的人。

CareerFrog于2015年完成了500万元的天使融资。"职场先锋"伦敦营、"超级offer王"纽约营、"领越计划——留学生经历塑造",一个又一个海外项目红火开业,目前其正在进行A轮融资的进程中。

能量与角色

早在心理学产生前,人们就有一种直觉,认为有一种仿佛是流体的生命力存在。生命力多,人就会活得很有生机;生命力少,人就萎靡不振。

每个人身上都兼具着数个角色,当我们善于在每一种角色中释放相应的能量时,这个角色便会使我们产生幸福感。当我们的内心并不认同这个角色时,我们便会感到扭曲。

在家里,明霞是妻子、母亲;在学校里,明霞是学生、运动员;在团队中，明霞是领跑者，也是普通队员。在每一个角色中细细地体会内在的感觉，她常常说："最怕没尝试就放弃"。

很多创业者喜欢谈"情怀"。顺风顺水还好，一旦遇到市场、资金、团队等方面的巨大挑战时，身心俱疲过后便开始对这个角色产生怀疑，然后不断地验证这个角色的痛苦。在近十年的体育训练中，明霞渐渐想明白了一个道理：角色就像一面镜子，你对它哭它就哭，你对它笑它就笑。

明霞对钱没什么概念，这既是优点也是缺点。不为了钱而创业的创业，才能把自己的得失置于身外，一心一意打造一个纯粹的理想花园。不为了钱而创业的创业，有时也容易忽略商业利益和发展速度。当有了资本的介入之后，创业就不能再由着自己的脾气秉性发展，必须要通盘考虑市场格局和整体商业价值，明霞很清楚这一点。

"榜样的力量是无穷的"，这句话我们人人都能理解。为自己的人生找一个榜样——你最想成为的那个人，如果没有现成的，也可"组合"一个，然后进行"角色假定"，这就是心理学中的"内模拟"，即每时每刻把自己想象成你所希望的"那一个"人。不仅言谈举止要像，更重要的是思想行为要像。因为，心态和行为是紧密相连的——积极的心态导致积极的思维和行为，积极的思维和行为必然养成积极的心态。

人才知了

从"自我效能"解读卢明霞的创业基因

"自我效能感"（Self-efficacy）是一个人对自己能够成功地表现某一行为的期望。自我效能指一个人在特定情景中从事某种行为并取得预期结果的能力，它在很大程度上指个体自己对自我有关能力的感觉。自我效能也是指人们对自己实现特定领域行为目标所需能力的信心或信念，简单来说就是个体对自己能够取得成功的信念，即"我能行"。

明霞自幼在长期的体育训练中，逐渐形成了挑战极限和持之以恒的意志，这种自我效能感让明霞对自己是否有能力完成某一行为能进行推测与判断。在大学期间，她最高峰的时期有三份实习经历并存，其中包括德勤和麦肯锡这两家世界顶级咨询公司。她对自己积极的判断正符合心理学家班杜拉对自我效能感的阐释："人们对自身能否利用所拥有的技能去完成某项工作行为的自信程度"。

心理学家班杜拉认为，除了结果期望外，还有一种效能期望。结果期望指的是人对自己某种行为会导致某一结果的推测。明霞不断将自己的咨询心得与大家分享，并无偿地帮助有志于此的伙伴们加入顾问的行列；直到最终将这块业务由个人友情分享演变为成功的商业活动。这种效能期望预测到某一特定行为将会导致特定的结果，那么这一行为就可能被激活和被选择。

一般来说，成功经验会增强自我效能，反复的失败会降低自我效能。

李灵能

自我实现：匠心是梦想的止痛剂
——记载着魂魄的"云记账"平台

李灵能， 男，1983年出生，上海复旦大学MBA，上海灵兮信息科技有限公司CEO、解放君记账创始人。

2012年在复旦大学读MBA时开始创业之旅，先用了两年的时候带着团队一点一点学习如何创业。2014年团队启动新项目——"解放君记账"，为初创企业（0~2年）提供互联网记账服务，以每月一次的记账、报税的企业刚需为切入点，打造企业级服务的入口。项目核心是开发基于互联网的SaaS智能记账系统，让会计师记账效率提升10倍。

2014年已获天使轮投资。2015年开始启动A轮融资，估值为1亿元。

少年的初心

少年心事当拏云，谁念幽寒坐呜呃。

对于一场有预谋的创业而言，或许美好得令人艳羡或者灰暗得令人同情都是创业旅程中早已设计好的必经之路。

浙商家庭出身的李灵能并不想传承家庭的产业。平平顺顺地掌管父辈的产业，那会让他没有存在感。

灵能开始规划未来他将成为哪一种企业家。但凡自己做企业的无外乎三种人：一是生意人，浙商大多如此，做企业的目的纯粹是逐利。二是商人，商人看中的不是每一单的利益，他看中的是长远的合作。还有一种是创造者，就像在匠人手中一点一点打磨的作品，在这个雕琢过程中，从它的产生到成形、再到被世人所赞叹，在紧密参与中获得的快感体验，要远远大于一个现成的东西所带来的感触。成为一个有匠心的企业家，不仅以挣钱和挣名为目的，而是能够深深地参与到作品其中，赋予它魂魄。

自我磨砺的创业之旅

怎么看，他都不像一个刚满30岁的小伙子，有点沧桑的眼神中隐隐传递着一种自我节制。对于一开始就不甘心走寻常路的灵能来说，所有的自我节制都是为了将来的厚积薄发。

小时候，灵能经常到爸妈的小厂里一坐就是半天，他最喜欢看的是一位老师傅在嘈杂的机器声中，静若处子般地低头拿捏着手中的物料，全神贯注的眉眼间隐隐透着智慧的光芒。巧手虽非稀罕，匠心却是别具。

工人和匠人的不同在于对舍弃的态度。工人的任务是干活，匠人的情怀是极致。所以那些传世的匠人都会用很长很长的时间去打磨自己，而并不急于出售作品。

2007年工科专业毕业后，灵能在行业排名NO.1的CAXA公司里历任工程师、项目经理及华东区技术负责人。如果在这条路上继续下去，可以清晰地预见到自己不久的将来会是气定神闲的金领一枚，年薪也不会比父母经营的小厂低到哪去。

多少应届毕业生会在入职时信誓旦旦地说：我是来学习的。又有多少人会在三年、五年、八年以后，还能够持续地把自己放在匠人学艺的角色，沉下心来修炼自己？

2011年，灵能辞掉了工作重返校园，在复旦大学就读MBA。这次学习的一个重要目的，是寻找未来的合伙人。同学中几个有意创业的伙伴一拍即合，大家推举灵能作为这个创业小团队的牵头人，几个人共同筹措了10万元作为启动资金，自此拉开了创业的帷幕。谁也不知道该朝着哪个方向开始，大家决定首先用两年的时间去进行各种尝试，这是一场一开始就不知道目的的创业旅程。

在两年当中，大家探索了好几个还算不错的项目：有时间管理APP，有健康类、菜谱的网站，还有类似喜马拉雅的电台。这几个项目都不仅能够盈利，而且已经有人想要投资；这个融资机会令创业伙伴欢呼雀跃、激动不已。在精神层面，这说明投资人对他们的认可；在物质层面，两年没有分红的伙伴可以真金白银地拿到自己的智慧所得。

灵能的困惑却是不知道拿了钱该怎么花。这些项目能够维持一个公司的运营，但不足以令这个作品拥有魂魄。以烧钱为目的的融资，终将被资本所绑架。创业的初心被标价出售，本质和出卖灵魂毫无两样。灵能说服了自己，也说服了创业的小伙伴，婉然拒绝了这笔投资。

什么样的创业作品能够拥有魂魄呢？苹果、谷歌、Facebook成功崛起的背后，哪个不是一本辛酸账和血泪史？在渴望造就伟大企业的历史湾流中，灵能突然意识到自己的浅薄与无力感。他记下了这样几行字：

成功者拥有足够的勇气和行动，但有足够的勇气和行动并不足以成功。
没有直达成功的通路，成功的背后是不断地试错。

灵能把伙伴们聚在一起，笃定地说："咱们要么现在就散伙，要么起码熬十年。用四年来探索，用三年来积累，再用三年来发展壮大；这样才可能成就一个伟大的组织。"有勇气面对十年的打磨，才不负"创业"这两个字的分量。

当把时间点瞄向远方时，心态反而变得更加平和。灵能谋划的第一步，是打磨一支有激情的团队。留下来的伙伴，每一个人都是发自内心认同组织的战友，每一个人都是这个组织里的合伙人，每一个人都能够真切地体会到对这份事业的参与感和存在感，每一个人首先是自己的老板。

参与就要有参与的形式；存在就要有存在的内涵。我能遇到今天的你，首先是要拥抱你的过去。

每个星期五大家会共同举行一次团队活动。八个伙伴像抽奖一样，每人在纸箱里抽出一个私密的问题。譬如曾经暗恋的女生是谁？小时候的伤心事是什么？被爹妈揍得最狠的那次是因为什么？大学时代最严重的恶作剧是哪回……一个人曾经的回忆，无论是纯情的美好还是青涩的哀伤，团队成员彼此真实地感受到伙伴的鲜活和真实，然后共同去见证和经历这个活生生的组织以及活生生的创业人生。

灵能对组织的第二步打磨是理解用户。在为一家律师事务所提供大数据分析服务平台时，灵能发现一个基于2014年中国法院准备开放所有裁判文书的新机会。判例法作为英美法系国家的主要法律渊源，它是相对于大陆法系国家的成文法或制定法而言的。判例法的基本思想是承认法律本身是不可能完备的，因而拥有丰富的案例库作为支撑。灵能以此为切入点，抓住这个空白的市场契机，建立司法行业的大数据库，业务迅速风生水起，团队的小日子过得有声有色。

这块业务能够让组织迈出从零到一的关键一步，从无到有地创造出一种全新的商业模式。它从酝酿到出生完完全全都是大家精心营造的，伙伴们充满了拥有和掌控的满足感。

　　这块业务全国的市场总量是两三个亿。如果说，实现这个业务就是实现了梦想，灵能多多少少有些心存不甘。

梦想的止痛剂是另一个梦想

　　在一片劝阻声中，灵能毅然决然地进行了第三次的舍弃。灵能清楚地知道，开展法律大数据分析这块业务的根本目的是打磨团队、理解客户，这两个目标已然实现，如果今天还继续愉快地把目光放在这片小花园里，那么就会丧失成为参天大树的机会，永远也无法造就一个伟大的事业。

　　这个决定令情同手足的创始合伙人提出了分手。灵能多么希望能够共同走得更长久一些，但现实却是不得不相忘于江湖。当初毅然决然地走到创业这条路上的三个合伙人之一，在丈母娘的压力之下开始动摇，所谓的匠心创业不如买房安家来得更真切和接地气，团队伙伴最终选择了告别。

　　工人追求合格，匠人追求完美。灵能开始进行第三次对组织的打磨——理解市场。

　　工业经济时代的竞争主要源于产品本身，你能用十块钱生产出一个物美价廉的东西，我就得想办法用八块钱生产一个物超所值的东西。这个时代用户最关键的消费体验是性价比，过剩的经济逼迫得商家不得不绞尽脑汁地自我"压榨"和挖空心思地变革创新，才能不断地迎合越来越高、越来越挑剔的消费者的口味。

　　互联网就像野草一样执着而顽强地蔓延开来，并在已有的行业地板中迅速地找到它自己可以生长的缝隙。互联网时代重塑的不仅仅是信息传递的效率，还有人们对自我意识的朦胧觉醒和活力复苏。历经几次的自我打磨和舍弃，初具匠心的灵能意识到，互联网时代对人性的张扬下，用户首先需要的是一个解决其痛点问题的应用场景，能够令客户的购买决策由产品体验转向应用体验。就像汽车早已不只是代步工具、手机早已不只是通话工具一样，今天的工业产品本身就是一个生命，它需要理解我们的生活方式，并分享我们内心的情感。

接下来需要打磨的是一个组织的灵魂，让组织灵动起来，在互联网的草原中生机勃勃地自我生长和婆娑起舞。一个兼职会计的工作失误，让灵能偶然发现了一枚伟大的草籽。

从此，一个完全不懂财务的工科男，开始了他的云财务之道。任何企业无论大小，财务工作就像是血液一样贯穿始终，且牢牢统治着企业这个生命体的健康。以往解决这个问题必需依赖于财务人员个人的能力水平，然而人员的更迭、商业环境的变迁以及工作意愿与动机的波动和不确定性等因素，时常会冲击着中小企业的中枢神经，令人感到焦虑。一个有灵魂的产品需要参与到用户的应用场景之中，产品思维由"他能提供什么"转变为"我能得到什么"。

从拥有转为使用，是互联网时代思维方式的一个重要转变。UBER庞大的背后正是团队的小巧和组织的灵活。传统的雇佣模式正在被共享经济悄悄地瓦解，大公司、小团队的组织形式越来越体现出它的生动与美好。中小企业无须再通过雇佣足够数量的会计人员来满足财务血脉的顺畅流通，云财务完全可以通过人工智能的方式进行规范化的专业操作。当数据进入这个系统后，云财务如同一个有思维的专业伙伴，自动按照财务要求形成三张报表，大大解放了财务工作的人工操作，因而得名"解放君"。灵能发挥了工科生的思维优势，做账的环节被分解为13个步骤，从中找到哪些可以智能化和IT化。

互联网大师预见：未来凡是能被智能机器人所替代的工作，员工都将被无情地取代。项目核心是开发基于互联网的SaaS智能记账系统，让会计师记账效率提升十倍。通过高速扫描仪、识别技术以及基于专家系统的模式全面实现票据、凭证、账簿、报表等各环节的流程化、透明化、自动化的过程管理，使会计师记账时间从120分钟缩减到10分钟，效率提高10多倍。项目开发基于移动互联网、微信的移动端应用，为小企业负责人、合伙人、投资人提供普通人都能看懂的财务动态信息和图表分析，企业的经营活动能够通过云财务随时随地尽在掌握。开发一键报税功能，通过财税系统匹配和数据导入，使会计师的报税时间从30分钟变成短短3分钟，效率提高了整整10倍。

创业就像一车公共汽车，尽管每一站都会有人上上下下，但驾驶者却不忘初心。"解放君"的成长给团队的能力带来巨大的考验，当初的团队构架并非为"解放君"而配备的，大家要么重新学习、促使自我能力转型；要么就会远离这片梦想的草原。经过反反复复的沟通与探讨，共同经过了两年磨砺的团队一致决定通过重新学习进行自我转型，积极地拥抱这个变化。

"解放君"果然不负众望，2014年当年便实现了盈利。完成天使轮融资过后，2015年开始启动A轮融资。在短短的1年时间达到估值1亿元，实现了5倍的增长。小草籽在传统的财务领域找到了它自己能够生长的缝隙，并以惊人的生命力迅速蔓延，她有她自己的生命和灵魂。灵能坚信，小草籽会成长会成为一片绿荫的草坪，从此改变企业必须依赖于财务人员个人的能力水平这一传统局面，通过互联网对专业职能的重塑，持续地予以企业更新鲜、更优质的财务血脉，为客户提供愉快的消费体验。

远和近

灵能把《这三个故事决定了乔布斯的一生》这篇文章醒目地挂在"解放君"的网页中，让自己每天都能看见。

第一个故事，如何串联起生命中的点滴。你们同样不可能从现在这个点上看到将来；只有回头看时，才会发现它们之间的关系。所以你必须相信，那些点点滴滴，会在你未来的生命里，以某种方式串联起来。你必须相信一些东西——你的勇气、宿命、生活、因缘，随便什么——因为相信这些点滴能够一路连接会给你带来循从本觉的自信，它使你远离平凡，变得与众不同。

第二个故事是关于爱与失。我确信唯一让我一路走下来的是我对自己所做事情的热爱。你必须去找你热爱的东西，对工作如此，对你的爱人也是这样的。工作会占据你生命中很大的一部分，你只有相信自己做的是伟大的工作，你才能怡然自得。如果你还没有找到，那么就继续找，不要停。全心全意地找，当你找到时，你会知道的。就像任何真诚的关系，随着时间的流逝，只会越来越紧密。所以继续找，不要停。

我的第三个故事关于死亡。几乎任何事——所有的荣耀、骄傲、对难堪和失败的恐惧——在死亡面前都会消隐，留下真正重要的东西。提醒自己就要死亡是我知道的最好的方法，用来避开担心失去某些东西的陷阱。你已经赤裸裸了，没有理由不听从于自己的心愿。

万籁俱寂时，灵能时而会想起年少不羁的自己。小学和初中的时候酷爱打架，因为武力是能够证明自己与众不同的唯一方式。小升初时父亲为灵能安排好了一所多少人家削尖了脑袋也进不去的重点中学，灵能顽固地反抗着，执拗选择了一所毫不起眼的普通中学。

中学时代开始渴望来证明自己的存在，灵能动了好多的小心思。期中考试努力考得好一点，期末考试故意考烂一点，这样他就不会是一个神话中的学霸，老师也不能始终按照最高的标准去提要求。而且自己的存在还需要因为别人的存在而存在，自己一直考第一的话别人就会很难受，故意考差一点也不至于招致嫉妒。

存在感还能够以权力的形式存在着，小脑瓜里那点小小的虚荣指挥着灵能去竞选班干部。灵能学着把注意力分配到每一个人身上，去考虑到每个人的感受，对每个人都去认同。在55个人的班级里，灵能以53票的支持率全面获胜班干部这一角色，这个小小胜利让灵能得意了很久。

每一次的角色转变都是有预谋的。当某一天完成了对这个伟大组织的打造过后，灵能对自己的下一个角色期待是成为一名老师。相信每一段人生都有不同的精彩，每一个角色都有独特的魂魄；人生本是一场奇异而丰富的旅程，深怀匠心真实地存在于每一个属于自己的故事之路，那才是最美好的自己。

你，

一会儿看我，

一会儿看云。

我觉得，

你看我时很远，

你看云时很近。

人才知了

从"自我实现"解读李灵能的创业基因

我事先没有看过李灵能的照片。但当他拖着拉杆箱走进来的时候，我一眼就断定他就是李灵能，眼睛里略显空灵，又不缺少坚定。我不禁在想，到底是名字决定了人呢，还是人决定了名字？

话题很自然地从2012年在复旦大学的15层楼的咖啡厅，四个人商讨创业开始。我问他："你们要创业，你们要创什么业呢？""不知道，我们还没想好，我们就是在一起做了一个决定，要创业，要做一家伟大的公司，至于要做什么，当时还没想法。"我又问："你们为什么要创业呢？"他说："因为我们生活在这一个时代，这个时代就是要创业的，我们要证明自己的存在。"

"自我实现"（Self-actualized）是由人本主义的心理学大师马斯洛提出的。"自我实现的人"也叫作"自动人"，人类需要的最高层次就是自我实现。

那么，我们要去实现什么样的自我？

对于别人，我们所有人都有各自的想法和概念；但是对我们自己，我们也有某种相同的观念。就是"在我眼里，我自己的样子"，我们对于自己有着自我的图式。这就是所谓的"自我图式"（Self-schema）。

在李灵能的自我图式中，体现了四个显明的结构内容：

1. 自我描述性形容词：成为一个有匠心的企业家，不仅以挣钱和挣名为目的，而是能够深深地参与到作品其中，赋予它魂魄。

2. 自我评价信念：自我磨砺。

3. 归因：遇到问题时，首先能够从内部归因的视角自我剖析。

4. 核心理性主题：积极而理性地面对每一次的角色转变。

李灵能一直都在按照自我图式所勾勒出来的轮廓，去积极地实现自己的价值。心理学家发现，高度自我实现的人之所以较不易受到焦虑与恐惧的影响，是因为他们对自己及他人都能抱着喜欢及接纳的态度。他们虽然也有缺点，但因为能够接受自己的缺点，所以他们较一般人更真诚、更不防卫，对自己也更满意。

PART 2 第二篇
向外　影响力

得人心者得天下，失人心者失天下。

俞敏洪凭什么说服徐小平，毅然决定回国一起创业？唐骏在微软工作时，怎么做到能叫出一千多员工的姓名？瑞士顶级名表百年灵、美国克莱斯勒大切诺基JEEP，它们为什么会选择王石为广告代言？

影响力高的人总是不乏话语权和支持者。影响力作为一种为别人所乐于接受的方式，改变着他人的思想和行动。

呼 涛

权力动机：吹响圣斗士的集结号角
——"寻球"APP召唤的足球使命

呼涛， 男，1987年出生在甘肃中部一片贫瘠的土地上。2005年考入清华大学，2012年研究生毕业后，呼涛赴美罗切斯特大学留学。留学后的他在硅谷做了6个月投资，2014年3月，毅然回国，在移动互联网投资公司学习一年后，终于创业。2015年3月，他创立"寻球"，8月份，产品正式上线。9月份，呼涛完成600万元Pre-A融资，投资方为远瞻资本与融汇镭厉。

目前，"寻球"约有20万用户，日增用户约2000个，活跃用户最高占比为25%。平台上共有18000多支球队，已组织的比赛次数约为40000场。

　　定西，地处黄土高原、青藏高原和西秦岭交汇地带的甘肃中部，史称"陇中"。

　　古代的定西曾以干旱多灾、地瘠民贫著称于世，清陕甘总督左宗棠曾奏"苦瘠甲天下"给光绪皇帝。甘肃省贫困面大、贫困程度深，而定西是最贫困的地区之一，是"短板中的短板"。

　　呼涛在这片贫瘠的土地上开心地度过了从出生到高中的时光，他一直觉得自己是这里最幸福的孩子。父母都是老师，由于分配到不同的县教书而长期分居两地。但老爸每周都骑自行车40多里风雪无阻地探望他们。虽然条件艰苦，但爸妈爆棚满满的爱，让他觉得自己是最富有的孩子。直到现在，已经28岁、离开父母十多年的呼涛，还能够做到每天都能给家里打个电话。

披着黄金圣衣的冉·阿让

小学三年级时，妈妈的工作从乡镇小学调动到了市里。八岁的呼涛第一次见到城市的样子，他惊奇地看着公路、汽车、商场、书店还有电影院，然后他发现自己身上浓郁的乡土气息与周围的孩子显得如此不同。

呼涛从小就特别喜欢看书。小学时，每到周末呼涛就去书店找本书，坐在地上安静地看着。《圣斗士》《七龙珠》，漫画书带呼涛走进了一个全新的世界。呼涛痴迷地爱上了漫画中的大英雄们——行事磊落光明，为了伙伴，为了维护正义与和平愿意无私地献出自己的生命。

书店老板对这个没钱买书又没完没了白来看书的小孩态度不大友好，最后呼涛只好以每个下午五毛钱的价格支付老板"阅读费"，才有机会继续在店里蹭书看。

中学开始，呼涛又从世界名著中汲取精神营养。《基督山伯爵》中的水手爱德蒙·唐泰斯传奇复仇后在人间扬善惩恶；《三个火枪手》里达达尼昂的机智勇敢和重情、阿托斯的处事老练、波托斯的疾恶如仇，还有阿拉米斯的文雅机智，这些个性鲜明、活生生的形象无声无形中影响着呼涛的心灵。《悲惨世界》中孤儿冉·阿让由苦刑犯蜕变为拯救世界的大善人，这个角色正是呼涛对自己的内心定位。

沉醉在英雄世界里的小孩开始铸就了一颗强大的内心。带着强烈的悲情浪漫主义色彩，呼涛在大千世界里跃跃欲试。

跌跌宕宕的草根英雄

英雄气概就得大气豪迈。想让别人崇拜自己，就得真的有两把刷子。呼涛是定西市第一中学第一个考上清华大学的孩子，成绩优异。

从定西到北京，这1500公里的距离跨越了呼涛人生中的第一个重要里程。在这个强手如云的校园里，永远也不知道有多少对手在暗暗地较劲着。呼涛突然开始觉得有些无能为力。在老家的时候，只要稍稍努力一些就会有收获。可是到了清华后，无论怎样苦读、无论多么拼命，哪怕每天学习12个小时，在班里的成绩总是徘徊在二流水平。

英雄的信心遭遇了狠狠的打击。在家乡时，他可是叱咤风云的中心人物，到了清华却成了小地方出来的普通人。你看那天鹅在水面上优雅地掠过，你怎能知道它的双脚在水面下是多么拼命地划动呢？百年清华，美丽而平静的校园里，每一个人都是无法估量的未知数，每一个才子都是最低调的张扬。

得调整心态，接受自己不行的地方，输得起才是真正的英雄。大二时呼涛打定主意要竞选系学生会主席，不管结果如何，总不能在成为英雄的道路上没有经过尝试就先认输。

好在呼涛有一个爱好：足球。一进清华，呼涛就在化学系新老生足球比赛中脱颖而出，成为系队主力。但凡在球场上一起出过汗、流过泪的哥们都知道，这种彼此共同分享荷尔蒙兴奋的感觉是朋友之间最朴素的黏合剂。首先将队友作为切入点，一一征得他们的支持。然后请他们介绍系里每个班的学生代表，每天晚上挨家挨户上门拜访。

呼涛一直记着上大学临行之前爸妈那句最质朴、也最动情的叮嘱：我们都是小地方的普通老师，没见过什么大世面，也不能给你提供专业的帮助。外面的世界是留给有准备的人的，人生从来没有一蹴而就的成功。

两个月下来，呼涛把系里所有的班代表都走访遍了。在这场无言的较量中，除了实力还有耐力，以及控场全局的洞察力和精心的准备。最终投票时，全系共有64个投票权，呼涛以40票的成绩完胜。

餐巾纸上写下的投资协议

那些史诗巨篇里的每个英雄，都是经历了相当漫长的折磨之后，才可能会有一丝丝拯救世界的机会。呼涛从18岁到26岁的八年间拿下了四个学位。两个Bachelor是清华化学学士和北大经济学士，两个Master是清华化学硕士和美国罗切斯特金融硕士。

人生的选择有时很奇妙，往往那些眼下既得利益很多的人会舍不得放弃当前的东西；而那些一穷二白啥也没有的人，反正都已经赤条条了，也不怕再失去什么。清华的硕士若想找工作，他们只需要在选择哪个offer之间做出决策而已。呼涛读完清华的硕士又去美国读金融，就是要做出更充分的准备，养精蓄锐，蓄势待发。

呼涛与创业结缘最早是在清华读研期间。 2010年，呼涛以自己在实验室研究的有机半导体照明技术为基础，组建了创业团队。作为创始人，呼涛把学工业设计的、学财务的、学法律的同学联合起来，参加了英特尔伯克利全球技术挑战赛，拿到中国区第二名的成绩并代表中国参加在伯克利-哈斯商学院举办的全球总决赛。第二次创业是和几个小伙伴一起折腾了Colorwork的一个协作工具，比当今三个最好的网络协作工具起步都要早。这两次创业都是浅尝辄止，呼涛认为，成功的基础是建立在多次试错的基础上的。这两次创业几乎把创业团队该犯的错误都犯过了，像什么拒绝融资因此无法快速扩张，结果用户增长缓慢，技术实力无法匹配用户快速扩张等等。

这两次稚嫩的创业最大的收获是知道自己哪里不行。呼涛需要走出象牙塔，走进外面的世界，用眼睛去观察，用心去感受，才能把握住潮流与方向。他一边在华山资本沉下心来做投资，向各行各业的创业者学习；一边构想着未来的王国，暗暗地留心着各种机会。

2015年春节前一个从美国回国创业的清华校友回北京请呼涛吃饭，电话里的呼涛无精打采地告诉他"我在上班啊"，声音听起来颇有些郁郁不得志的感觉。校友说"我给你介绍个投资人吧，待会咱仨一起吃饭，有什么想法或许可以听听他的意见。"

从五道口到三里屯，不过40分钟的车程，呼涛在脑子里急速勾勒着积存在脑子里那一些星星点点的火花。优秀的足球运动员必须时时刻刻准备着临门一脚的那一瞬间，这样才有可能等到幸福来敲门的时候。呼涛在路上赶紧用手机画了几页PPT，完全顾不上什么美观和精致了，只要逻辑清楚就可以。

咖啡馆的长桌旁，呼涛用15分钟陈述完了他的商业构想。与他们见面的是PreAngel合伙人人王利杰和顾浩，他们沉静了片刻，说："我不懂足球，估值1000万元，我投200万元你干不干？"机会不期而临，如梦似幻。

白天还沉浸在小白领的落寞当中，晚上就来了个适逢其会。看似是天上掉馅饼捞到了大好时机，其实，机会一直是留给有准备之人的。没有之前的学习、创业、工作的经历与积累，在这个现实的世界，谁又愿意多看一个普通创业者一眼。

如果在华山资本里再耗一段时间，几十万元的年终奖就可以到手了，那可是父母几年的收入。这肉割得实在是让人心疼，呼涛一夜地前思后想，还是决定立马辞职。既然走到这条路上，就别给自己留什么退路。

中国足球，全民开始

2015年3月份投资到账，呼涛辞职，创立"寻球"。

5月份，第一版产品上线。产品功能很华丽，完全根据呼涛"不靠谱"的需求开发而成。踢野球的可以查看附近场地有没有人，有球队的可以发出比赛邀请，展示自己的数据，功能五花八门什么都有。

什么都有的东西就等于什么都没有。丧失了核心功能，不仅产品逻辑混乱，而且数据量交互太多而导致耗电量太大，提取一下数据手机就崩溃了。

还是那个道理，知道自己哪不行比知道自己哪行更有意义。呼涛和小伙伴们心一狠，把70%的功能全部砍掉，只留下"球队管理"这个核心功能：组队、创建比赛。

8月份，新版APP上线，抓住了队长的刚需就等于抓住了整个球队。四个多月"寻球"APP迅速积累了20多万用户和18000多支球队，用户组织过的赛事达四万多场。队长可以完成比赛创建、队员报名、签到、出勤统计以及比赛结果纪录；球员可以跟随球队旅程，记录自己的足球之路，如比赛次数等。炫酷战术版，玩出专业范。

9月份是开学季，"寻球"用户量慢慢提升，呼涛也逐渐摸出门道，尝试线下运营。新一轮的600万元融资也在这个月完成，投资方为两个，一个是曾在早期投过大疆无人机的远瞻资本，另一个则是有阳光保险背景的融汇镭厉，双方各投300万元。

"寻球"的商业模式首先是通过在线平台为整个业余足球玩家提供全方位服务，定场地、约裁判、拍视频、上保险，一站式解决足球爱好者的需求。同时通过线下的赛事运营、广告、培训等落地的服务扩展了无限的想象空间，为足球爱好者提供一切专业服务场景。清华理工男的技术情结也需要通过智能硬件得以释怀，这才能体现乔·布斯式的科技与艺术融合的创业梦想。

"中国足球，从此开始。"其实，哪一个英雄不是经过漫长的失意落魂，才能走在雄霸天下的道路上？

燃烧吧，我的小宇宙！射吧，星矢！

呼涛非常欣赏美国女孩爽朗大气的个性。他眼中的美女首先是不矫情、不骄矜的正常女孩，具有独立的思想和敢爱敢恨的个性。不管男人还是女人，首先应当作自己的主人，把握自己的人生方向。不能把握自己的人，哪能去驾驭团队呢？

现在的小团队中，呼涛是组织中的灵魂人物。他有时会体察着爸妈教书育人的那份熬人的喜悦，每每看到大家点点滴滴的成长、看到产品丝丝许许的进步，这种在他的影响下产生的变化都非常令人欣喜。或许就像妈妈看到自己的孩子那般，成长中每一个小小的细节，都是血脉相随母子连心的感动。

在韦尔奇看来，一个团队好比一个足球队，而企业的CEO们就要懂得如何将最强的阵容放到球场上去比赛，要将最好的资源关注在最优秀的团队和人才身上，对于那些糟糕而不适合在公司的员工，必须要让他们离开。

定期聚餐是团队固定的节目。30多个小伙伴坐成三桌，平时由于跨部门的接触不多、且不在同一个场所办公，因此他们相互不是非常熟悉。小伙伴们落座之后，呼涛能够将30多人每一个人都分别介绍一番，说出他们的优点，与大家分享他最近的成就。对于这个既nice又能够把控全局的创始人，每个小伙伴都非常珍惜这一段美好的时光。

《圣斗士星矢》中那些直指内心的台词一直在呼涛的胸中翻滚着："战斗和受伤，笑与泪，爱谁？恨谁？"

"花开花落，再灿烂的星光也会消失，这个地球、太阳和银河系，就连这个大宇宙也会有消灭的时候。人的一生与这些相比，简直就像刹那间的事。在刹那间，人诞生了，最后都要归入死的永眠……绝不放弃希望，努力向前进，哪怕地狱门后边的道路充满荆棘和苦难！"

投资人说：我为什么选择呼涛？

第一次见面以后仅仅10天的时间，200万元的投资便已到账。在15分钟的交谈中，投资人对呼涛的评价是："具有领袖气质和强大的气场；有激情、有格局。"

人才知了

从"权力动机"解读呼涛的创业基因

呼涛的肢体语言非常丰富。他时而双臂张开，就像是拥抱一个令人激动的变化；时而双拳紧握，似乎马上要投入战斗。在整个交谈的过程中，他的主线清晰、能量十足，他一直在用自己的小宇宙去感召对方。

"权力动机"（Power Motive）也被称为"影响动机"（Influence Motive）。权力动机被直接翻译成中文，总令人感到有些许霸权的味道，因而近年许多心理学家用"影响动机"这个中性词，来代表试图影响他人和改变环境的驱动力。

呼涛从小到大都非常乐意成为一个组织的核心，并以身作则地为之付出令人信服的努力。高中成为班长之后，他将全班进行了明确的分工，做值日、写板报、组织比赛和新年联欢会，班主任完全放手让这个小伙子带着全班去实现"自治"，最后他们班作为定西一中的普通班，在高考时平均分超过了所有的实验班，成为全校的第一名。

人们为了更好地生存与发展，必须有效地建立各种社会关系，并充分地利用各种价值资源，这就需要人对自己的价值资源和他人的价值资源进行有效的影响和制约，这就是权力的根本目的。

权力动机的核心需求是个人要对他人的感情、思维、行动产生影响。希望自己的一言一行，喜怒哀乐会使他人的言谈举止、情绪反应出现自己所期望的变化。

许多心理学家视权力为人们行动和互相作用中的一个重要的基本的动机；权力就是一种与理解的预测行为特别有联系的动机。

呼涛大学竞选系学生会主席时——去拜访学生代表，以获得他们的支持；在创业过程中对团队的精心打造等，这些行为都充分体现了他在组织行为过程中力图获得、巩固和利用权力的需要，试图以自己的思想、意图影响和控制他人，控制环境的愿望。

权力动机的高分表现为：

——愿意主动影响、控制或引导他人；

——有对他人进行情绪、行为上的控制和影响的强烈愿望；

——希望处在那些能够表现个人影响力的职位上；

——非常在意自己在组织中的地位和他人心目中的位置。

权力动机的低分表现为：

——不愿与他人产生权力之争；

——希望他人按照自己的想法做事，不愿强求他人；

——所带领的团队规范化程度容易不高，做事效率不高。

郑晓宇

启发 约人 预订 出门

亲和动机：不散的筵席，不褪色的青春
——社交需求承载的"派对电商"

郑晓宇，男，1992年出生，生性爱玩，高中时就开始"不务正业"创立摇滚网站，大二时干脆休学，正式闯入创业大军，创业项目就是为想玩的人找玩的地方。于2014年获得百万美元天使投资，由洪泰基金领投，阿米巴跟投。2015年获得HitFM的战略投资。

酒，姑娘，荷尔蒙；

肆无忌惮的青春，岂能让它悄无声息地溜走？

我不想压抑。

投资，估值，财务曲线；

该撬动的市场，就应该疯狂扩张。

我不想埋没。

谁说互联网只会让人们更加疏远？

谁说陌生人只能躲躲闪闪地登录在陌陌和世纪佳缘？

可以挥霍的才叫青春，

玩个痛快，将聚会进行到底。

派对，狂欢；"玩儿"也能够成为商业。

23岁，他不想长大，也不想独处。

郑晓宇，做"玩儿"的事业。如今这个已经被估值到5000万人民币的全新事物，却是由大学时代一场差点玩过头的音乐会开始的。

发现蚂蚁王国的奥秘

四岁的时候，晓宇的父母分手了。20世纪90年代的成都已初具国际大都市的繁华与喧嚣，不过这一切晓宇并没有享受到。作为一个地地道道的城里孩子，晓宇那几年是和妈妈住在十几平方米的、四川话称为"棚棚"的简易活动平房里。

妈妈独自带着晓宇，那几年过得非常清苦。天气湿热的时候，小板房阴暗的角落里居然会长出蘑菇。板房的外面是片野草地，夏天的时候会有好多好多蚂蚁爬来爬去，它们是晓宇最忠诚的小伙伴。

那时候的晓宇比一般的孩子更瘦小，妈妈没有过多的时间和精力放在他身上。跟别的小孩一起玩的时候，晓宇没有大人在后面撑腰。缺乏了父母的呵护，晓宇总是被别的小孩欺负。一个孤独懦弱的、大人经常不在身边的小孩，受了委屈也没地方说理去。

从那时候开始，晓宇就喜欢上了小蚂蚁。许多小男孩喜欢跟蚂蚁玩的方式是用放大镜去烧死蚂蚁，或者是用脚尖碾死它们、用石头砸死它们、撒泡尿冲走它们，看着这些比自己弱小很多的动物乖乖待毙而毫无反抗之力，这种凶残的快感让好多小男孩颇有些纯爷们似的自豪。晓宇跟蚂蚁却是另一种玩法，他喜欢给蚂蚁修水渠、喂米粒、挖战壕，还用小盒子给它们搭窝、跟它们聊天。他善待它们，童年中蚂蚁是他最为忠诚温良的伙伴。"蝼蚁尚且偷生"，他一直记着《西游记》中的这句话。

晓宇经常想象自己是神气十足的蚂蚁国王；而且大王统治有方，深得民心。晓宇惊奇地发现：蚂蚁们列队爬过的时候，看起来很有自信。他猜想它们心里肯定有一套计划，知道往哪儿去、该做什么。要不然，蚂蚁怎么有办法规划路线、建造复杂的蚁窝、发动波澜壮阔的突击行动……它们怎么知道发挥集体智慧，让弱小的身躯具有强大的团队力量？

晓宇开始对蚂蚁着了迷。单个的蚂蚁并不精明，精明的是蚁群；这个重大的发现让晓宇激动不已。一个蚁群能够解决的问题，是单只蚂蚁不可能办得到的，例如找到通往最佳食物来源的最短路径、保卫领土不被入侵。个别的蚂蚁可能是一个个小笨瓜，一旦形成群体，却能对环境做出迅速有效的反应，而它们靠的就是"群体智慧"。

在自然界，貌似弱小的不一定真的是弱者，比如蚂蚁。如果我也能够加入一个"蚁群"，就再也不怕被大孩子欺负了！一个四、五岁的小孩自己想明白了与这个世界的相处之道，就拥有了成长的动力和方向。

那场音乐会里，他进入了"ZONE"

上学以后，晓宇迷上了音乐。各种现代的音乐他都相当的痴迷，自己作曲，还灌制了自己的光盘，没事就自己放来听。

考入上海大学以后，晓宇发现大名鼎鼎的作家、导演郭敬明也毕业于上海大学，学校简直就是文艺青年的天堂。晓宇立即加入了摇滚社团。鼓点所带来的震颤相当的兴奋，几个志同道合的伙伴又是那么合得来；人生简直完美极了。

"迷笛音乐节"（Midi Festival）是由中国地下摇滚乐队的发源地——北京迷笛音乐学校创办的国内第一个原创音乐节，经过十多年的发展，已成为现代音乐最响亮的品牌之一。每年都有几十支国内外的知名乐队受邀参加演出，更有几万狂热的乐迷从全国各地蜂拥而来，国内外百余家知名媒体都在关注它的动态，竞相报道与之相关的消息。晓宇在担任迷笛音乐节的媒体运营工作后，如法炮制落地了全国多校的迷笛BUDROCK校园乐队大赛。

按照动漫里的说法，"ZONE"是少数天才球员能够进入的领域。进入此领域后，各项能力皆达到高峰，视野也会变大，各项机能指标将比运动员本来的水平高出很多。再加上一些其他方面的影响比如心理环境，运动员将迸发出更大的能力。

那场音乐会中，晓宇体会到了"The zone"。

2012年，上海大学正在筹划着一场校园音乐会，晓宇觉得自己满满的能量都要爆棚了。音乐节本名为"上海大学音乐节"，晓宇执意说服学校的领导，改名为"上海大学生音乐节"。巧妙地利用了这一字之差大做文章，让全上海的大学生都觉得相当有参与感。

晓宇兴奋地跑前跑后，不停地张罗着。到其他学校里发广告，制作海报四处张贴，到各个论坛里发帖，连地铁站都贴上了广告，还找了好多同学四处热炒。一字之差的主题却带来天壤之别的效果，音乐节当天，热血澎湃的青年们源源不断地从各处涌来，渴望着在一场骚动中证明青春的存在感。

晓宇精心设计了双核心的大party：一是娱乐、二是社交，两个主题能够让大家各自找到归属。娱乐这个主题突出爵士风格，煽情的音乐、漂亮的美眉，愉悦的气氛和那种快乐的精神非常具感染力，既活力十足又十分即兴。社交这个主题主打摇滚风格，重金属的大音量掩盖了人与人之间的陌生感，梦幻的灯光在灵活大胆的表现形式和富有激情的音乐节奏表达情感中闪闪烁烁，素不相识的年轻人聚在这里，很快就能放松下来。

人越来越多，大家越来越嗨。警察生怕这帮孩子闹过了头，派出好多警力在周围值守着。那天，晓宇进入了"ZONE"的状态。已臻化境，妙不可言。走心地办了一场绝妙的大party，朋友们一起分享着青春的绚丽和激情，小小蚂蚁再也不会孤单和无助。一个新奇的想法在晓宇的脑子里逐渐发芽：为什么不能把办party商业化，让相聚能够持续？

让更多的人一起"The zone"，这个想法真令人兴奋。

做"一起嗨翻天"的事业

Hip Hop，Rockn' Roll，EDM；用音乐来诉说青春的灵魂。"90后"的孤独与社交的渴望，让晓宇看到了"孤独就是商业机会"。孤独的年轻人需要有一种不同凡响的社交方式来表达青春的集体的诉求，它代表的是一种青年派对文化和生活方式。想要的社交不是在线上单对单的搭讪，对着妹子不知P了多少遍的自拍头像无限Say Hi却无人回应。熟人社交也不应该是每次去同一个地方，吃同样的饭，喝同样的酒，然后每次问同一个问题"吃完饭后干吗去？"他们需要一种既能够像团购电影一样购买附近不同场合不同场次的大趴或是小聚的方式，解决孤独与躁动的通路、享受美好时光的理念。又渴望青春的聚集能够像Uber一样草根化，它能够由我自己发起、由我自己主导、由我自己来选择。

中国社会一直缺少线下社交的元素，很少有美国似的各种party。但这并不代表中国的"80"、"90后"没有线下社交的需求，事实上这种需求还很强烈。看准了这个需求，当时还没有毕业的郑晓宇就创办了城市派对垂直电商"玩聚北京"，帮这群人在下班后用一杯咖啡的钱，获得一次愉悦的城市休闲娱乐体验。

2013年"光棍节"，"玩聚北京"正式成立。目前，城市派对垂直电商"玩聚北京"已获数百万美元天使融资，由洪泰基金领投，阿米巴跟投。这笔融资将主要用于APP版本的开发，以及上海、成都和广州的市场布局。

晓宇的"蚂蚁式管理"，把一群另类的年轻人聚在一起。团队中有浑身布满文身的壮汉、有艺术家范儿的长发男青年、有极客技术宅还有"90后"已当了妈妈的年轻妹子。这些来自于浩瀚社会完全不同的角落、风格迥异的年轻人们，一起做"玩"的事业，大家被这个新的理想重新归类，成为"玩聚北京"的团队成员。在玩聚北京的团队成员看来，玩聚北京不仅仅是一个互联网平台，它代表的是一种青年派对文化和生活方式。

拿蚁群来说，一个蚁群成功的关键之一就是没有谁是"老大"。没有蚂蚁将军在指挥蚂蚁战士，没有蚂蚁经理在命令蚂蚁员工；蚁后只负责产卵，并不担任领导角色。就算是一个有50万只蚂蚁的蚁群，在没有任何管理的情况下仍能运作得很好。蚁群依赖的是个体间数不清的互动，每一只都依靠简单的法则行事。

团队在三里屯SOHO办公，因为这里离夜店非常近。办公环境装修得十分奇特，看不到整齐办公桌椅，也没有职能部门的区域划分。整个大厅被布置成一个可以随时移动的场地，每个团队成员就像是坐在半圆形的吧台上办公，下班以后可以随时撤掉桌椅，场景由办公室瞬间切换为party现场。

晓宇精心打造着这可随时可以自我组织的团队，他用音乐的激情去影响和感染他的伙伴们。做"玩"的事业就是草根青年的海天盛筵，这和一般的工作完全不同。如果发起者没有激情，那么整个活动都乏善可陈。

玩聚北京首先是一个照顾到社交需求的平台，用户可以在注册后可以先加入玩聚的微信群组，让人们先聊起来，提前形成有同僚、同参与的环境。当时party在国内定义很模糊，"玩聚北京"上的活动除了有夜店大趴、乐队演出外，还提供包括烘焙、讲座展览、桌游聚合等活动。通过这个公众账号，用户可以随时查到最近或今天的活动有哪些，并完成预定和出票。

孤独袭来，无处可去？玩聚北京锁定年轻人这一痛点，集结京城2000家娱乐场所，24小时快速更新，推荐最酷最嗨的派对。这个商业模式是为都市年轻人的娱乐而生，可以即时成局，有同一阶层的半熟人聚会+陌生人社交，标准、安全、有保障。通过半熟人关系带来的社交传播可以实现低成本的用户获取，快捷的操作促使群体社区的沉淀对年轻用户的超强黏性与高频重复采购。一起嗨翻天！这本来就是年轻人生活的一部分。这种需求的聚合形成了对商家的议价能力，确保组织盈利。

狮心向前

2015年的平安夜，晓宇自己执笔《创业冬兵，这是一场与世界的较量》，在各大创业媒体上发表。

2015/12/24　凌晨

这是玩聚创办以来最艰辛的六个月。在经历团队离散、被赶出三里屯办公室、连续三个月借钱发工资个人负债过百万等等等等之后，终于在走投无路的发薪日看到了一丝曙光——获得HitFM887战略投资。直到今天，在平安夜，我终于可以坦然告诉你这个故事的全貌。

2014/11/11　一年前，三里屯派出所

那也许是我们这帮"90后"创业者最为狂妄的日子：氪空间明星、中关村金种子、获多方合投、从民居搬入三里屯高档写字楼……我们顺势搞了全城通票派对，微博上话题关注300w+，不可一世，狂到了不顾APEC期间治安维稳。结果，我和我的联合创始人被公安局控制，活动流产，财务和团队心气儿都受到了严重损失，可那时正值资本盛夏，我们一笑置之，因为觉得不会缺钱，我们可以一边慢慢开发产品，等着一切来年再说。

2015/2～2015/6　和投资方们聊模式聊到利益熏心

为证明所谓的"天花板"放弃文艺演出、电子派对票务等原强势领域。架空解散原市场团队，组建以"夜店人"为核心的新市场团队，VP及主要产品负责人带大半技术团队出走。因估值不过亿，被FA（财务顾问）拒绝约谈……，我自己最大的昏庸和浮躁莫过于大部分精力用于媒体公关，只因这是当时"90后"创业者们乃至整个创投圈的歪风，迷醉着翩翩起舞，殊不知毒已入髓。

2015/7～2015/8　账上不到百万，心急如焚

赶赴上海找财务顾问要求重新排会，玩聚北京本是炙手可热的明星项目，却遇对方冷淡对待只得到"你加紧铺贴烧钱做数据，同时加大公关力度"这样的指示。回京后连续两月加大补贴做出了月流水破百万的数据，公关方面优酷首页个人专访点击破百万，登纽约时代广场大屏幕……我兴高采烈地再去上海，却得知原项目经理离职，同期中国股市崩盘，霎时间不论是原本一周五六个主动找上门的新投资人，还是已出投资合约的老投资人均再无音讯。

2015/9　为迎接根本没谱的投资案继续烧钱继续公关

核心成员备感忧虑持续出走。向原投资人借了二十万发工资，自己则疯狂加班，每天亲自带队洽谈业务。终于在第三个投资合约被撤销后，在租期将至的办公室情绪崩溃，呕血住院。在九月的最后一周，我把能拜托的家人亲戚朋友同事全拜托了，一周内为自己安排了60余场约谈，仅三方表示没有兴趣，但感兴趣的，却无一方积极推进——因为那之后的十一，可能是所有投资机构从业者因资本寒冬获得的最长的一个假期，自然没有甲方恋战。

9月的25日晚，是玩聚最后一个正常工作日（没钱续租提前放假），临近中秋，我的合伙人给团队和合作伙伴用账上不多的钱买了最便宜的盒装月饼送给团队，送给合作方。发月饼时我还在最后一场谈判，但结果仍然是，把对方聊high了，表示会在20天休假后回来推动，我风度翩翩地微笑说好——我深知在这个浮躁的跟风的市场，人们追逐的是神话，没人会投一个主动降低估值苦着脸央求你的CEO。在回来的路上，我看到团队和我们logo墙的合影，多恨自己的无能。在停车场，我收拾了好久的心情。还好，拖地够久，

团队已经搬家走了大半，我知道我那蹩脚的演技，瞒不过他们，特别是在无家可归的中秋佳节。现在，让我们将时间的流逝变慢，看看已经褪去浮华的真正的创业者们，在连血液都已经腐朽的寒冷时刻，还用力保持心跳幻想着可以力挽狂澜的每一秒。

2015/9/26　00:00　心跳

这是我们当时造血计划的名字。约摸是在当晚的三四天前，我放弃了所有掌握在投资方手里的莫须有的活路。那是一个玩聚已经名存实亡，连办公室都不再属于自己的假期……我们一起赖在假期还无人入驻却早已被搬空的三里屯1805，趴在从最初在亦庄民居里就一直陪伴我们的木头长桌上继续工作，想抢出来的仅仅是下个发薪日的二十万现金。想拯救的也再不是一个个高估值的神话，一个个渐行渐远的梦想，而是团队的工作着落、生还可能，我们需要的是钱，是时间，一分一秒也好。

2015/10/1　00:00　家人和守护

当这个时刻来临时，所有的关联方都表示再不好拿出钱支援了，因为寒冬笼罩的是整个行业。我的唯一一线希望是我的父亲，他也是一名创业者，彼时也是他投入很多，努力很久的计划实施过半，却因资本寒冬和当地政府新能源扶持合作遇阻的关键时刻。爷俩都好强，平常联络不多，联络也都是报喜不报忧，我财务独立了许久，这次再拨通电话，开口便要钱，他关心了我几句身体状况，说好。

我还有一些家人，就是我的团队，那个"十一"，留守的产品通宵达旦开发，联合创始人和行政到处找便宜的新办公室让大家节后回京有地方可以上班，市场甚至为了销售拓展外地来京的碎片化旅游业务像皮条客一样往酒店门缝里面塞工体三里五道口的活动卡片……我如此愚驽地挣扎，背后却有这帮傻子的守护。

2015/10/ 8　05:28　谎言和救赎

创业过程的艰难自然不必多说，但是如此大面积大范围的打掉牙往肚子里咽还是第一次。感谢洪泰Azure创新空间让我们低价入驻，但头顶有了片瓦遮不代表下一个月就有工资发。所以不论是对合作伙伴还是对团队，我知道人心散就完了，只要有人就有赢的机会，所以即便没钱发工资，我们也在扩招，招的一是救兵，二是心气。告诉团队一切都好的谎言也好，在合作方面前逞强也罢，我赌一个结果，若完不成这个圆，我也做好了打算用我的现在我的未来我的全部来赎的觉悟。

2015/10/16　19:33　放弃的机会

第二次进医院打点滴观察，可你要翻出那天我的朋友圈，我却是在医院微笑着——因为当天早些时候某O2O巨头抛出了收购玩聚的橄榄枝。收购案估值不错，我个人的债务和团队的工作都有了着落，这根弦一松，立马病倒。亲近的团队成员来医院看望我，我把之前的挣扎、谎言和现在的收购和分割的机会都一五一十地告诉了他们，可他们并没有对此发表看法，甚至表情有些复杂。

2015/10/25　19:29　决议与决意

有了收购案之后，我和我的合伙人、核心团队彻夜长谈，甚至一些加入团队两三个月，丝毫不知背后实情的成员和有我微信的用户也找到我说：
"我不希望玩聚被收购。"我才知道原来玩聚除了是我自己的梦想，是吹的
牛逼以外，这么两年走来，在很多同僚、同行业者、北京的派对动物心中确
实意味着什么。我曾很客观很理智地判断，左有互联网资本寒冬，右有麻瓦
MAO工体夜店等主力商户自身运营艰难，两股寒气攻心，即便是自己缓过一
时，可能以后也要经历磨难。抱大腿从战略到战术都是合理的，更不提我刚
经历完手术的身体，刚经历完连续死亡高压的心理。

感性和理性，生存和生活，放弃和坚持，初衷和现状，我在那天下班后
唯一的决定是去久违的五道口喝一杯、蹦一会儿。

2015/10/26　00:00　Never stop the beat

我去CLUB不为姑娘也不为酒。那天夜里我没去池子蹦，兀自坐在吧台，
就想看看，听听，我们的用户不只是一个ID一个账号，而是真实萦绕在我身
边的这些奇奇怪怪的同龄人。那些不只是一个"商家"，更是所有从业者饱
含着热爱的，这个关于音乐和青春的行业。看着这些看似张狂实则和我一样
被生存困扰的年轻人，在地铁雾霾灌饼加班地下室出租屋之外，我特别遗憾
最终不是玩聚为他们找到随时可以加入的狂欢——这些事情美团糯米大众点
评会懂么？这么想着，我猛干了俩SHOT，逃离了五道口。

出租车师父车里在放HitFM——一档调频88.7，可能是所有在北京的年轻
人集体记忆的电子音乐电台，玩聚也曾投放过他们的广告，你无法想象当时
第一次听到我们自己的广告时，对我这从小听着88.7去工体，兜里一百块钱一
瓶百威蹦一宿，蹦完再听着它回来的小孩儿意味着什么。我的23岁就像活在
梦一样，还有玩聚，那么多人的心血，离散了那么多兄弟姐妹才有的今天，

我要把这一切拱手让人么？

　　第二天我拨通了当时投放广告时就对我们有投资意向的887商务方面负责人的电话，对方表示兴趣。对寒冬契约履行的担忧又一次被我所谓"热爱和梦想"所冲散，收购神马的被抛在了脑后。短短几天我们完成了协议梳理，在十一月发薪日到来的当天，全款到账。

　　那天我和我的创始人找了个没人的会议室，哭了一鼻子，因为幸存，更因为有了战斗契机。也从这契机入手，我们开始筹备一场关于音乐的，关于互联网的，关于中国年轻人夜生活的大活动，大计划——一个在玩聚涅槃后的最终幻想。

　　　Up against all odds

　　　起来反抗吧

　　　So promise me that

　　　请答应我

　　　We'll be the lionhearted

　　　我们将会狮心向前

　　　No matter what they try

　　　无论怎样

　　　They won't take away our will to fight

　　　我们都永不妥协

青春就是荷尔蒙的感觉

晓宇特别喜欢和人在一起，他特别需要这种感觉。自从加入了乐队之后，和朋友们在一起的时候他会感觉到很笃定。住在活动板房的孤单小孩，还有和蚂蚁为伍的童年时光，这些都让晓宇特别能够体会到长大以后、学会与人交往的社交快乐。

晓宇认真地学习着蚂蚁们的社会习性。蚂蚁是生物中的"社会性昆虫"，所以从整个集群来说，具有超个体的行为，并且个体成员离开集群则难以生存。人类也是典型的社会性动物，这种群体性的进化和发展，使我们需要同类交往，需要爱和被爱，否则就无法生存。

有一个非常有名的微电影《LOOK UP》，深刻地刻画了整天抱着手机的"低头族"的孤独和悲哀。"我有422个朋友，但我很孤单。我跟他们每天都说话，但没有一个人真的了解我。"网络社交的无处不在，让我们投入大量的精力与虚拟的世界互动，但到最后却往往一个人独自。所以，从你的手机上抬起头来，看看你周围的人和事，让他们成为你今天的焦点。只需要一个真实的接触，仅此而已。你不需要告诉几百人，你刚刚做了什么；我们需要真实关注，而不是一大堆的点赞。

青春、音乐、朋友，这几种元素交织在一起，诠释着年轻的晓宇的荷尔蒙快感。蹦一阵迪、K一会歌、喝上几杯啤酒、玩上几局桌游，还有密室逃脱和名画欣赏，在健康的社交活动中大家很快乐，大家的这种快乐让晓宇感到非常快乐。和朋友在一起，他们也和你在一起。不要让"智能"的手机把我们变成"愚蠢"的人。《LOOK UP》（英间朗诵作品《写给低头族的诗》）中有一句经典的告白："我们乐于分享某次经历，但如果没人携伴，快乐是否如依？"

从"亲和动机"解读郑晓宇的创业基因

第一次见面，郑晓宇上穿灰西装，下着一条绿色的迷彩大短裤。这身个性十足的装扮与我的黑套装形成巨大的反差，我们俩对比简直就是来自宇宙两级的外星生物。晓宇迅速地发现了这一点，他马上先给我讲了一两个小笑话，一下子消除了陌生人之间的生疏感。采访结束时，他执意要开车送我们回去，这样我们便可以在路上用车里的CD机分享他原创的电子音乐。

"亲和动机"（Affiliation Motivation）是指争取在社会基础上与人交往的驱动力。亲和动机是人类普遍具有的社会动机之一，指个体与他人结群、交往并希望有人陪伴的内在力量与需要。

适度的亲和对团体的维系，加强组织的凝聚力有着重要的作用，良好的人际关系和合作环境是企业获得成功的主要条件之一，也是领导艺术的体现。

单亲家庭长大的郑晓宇从小孤单无助，在观察蚂蚁的生活习性时，开始渐渐地明白社交所能够带来的益处。在加入乐团之后，朋友的支持和互助的温暖让晓宇愈发感受到社交的快乐。当我们近距离观察他时，发现他很善于主动地发起一个话题，或是讲个笑话、或是分享一段音乐、或是关注对方喜欢什么，他给人的感觉就像第一次见面的老朋友。

亲和动机是一种重要的社会性动机，当它引发的亲和行为得以顺利进行时，个人就感到安全、温暖、有信心；当亲和行为受到挫折时，个人就感到孤独、无助、焦虑和恐惧。

我们都知道，一个受欢迎的人，容易获得较多的人际支持；有利于关系建立和任务推进。对于许多创业初期的团队，一个亲和的创始人有助于创建平等、包容、合作的文化氛围，促进团队协作。

伙伴关系与亲和需要是一种什么样的关系？一些心理学研究证明，孩子被他人喜欢的程度越高，亲和需要越强。晓宇在加入了乐团之后，主动付出、全情投入；这让他在人际交往中得到良性的感受。人从自己做的事情中体会到了快乐，那么他就会更喜欢做这类事。他开始越来越容易在与朋友的互动中体会到快乐，这种快乐又反过来促使他与人交往的需求更强烈。

需要注意的是，对于创业者而言，亲和动机并非越高越好，需要保守"适度"的原则。高亲和动机容易使个体力图回避冲突与竞争，有时易形成宗派，对一个强有力的领导者可能产生一定的消极影响。对亲和取向型创业者来说，在分配挑战性的工作、指导工作活动及监督工作的有效性上会有困难。

因此我们可以注意到：适度的亲和动机是与人亲近、受人欢迎的性格基础，它既是团队的润滑剂，也是贴近客户的温情联结。但不要让过高的亲和动机去操纵了你的情感，导致创业者在分配挑战性的工作、指导工作活动及监督工作的有效性上会产生纠结。

次海鹏

同理心：同一个地球，不同的未来
——幼儿园的愤青男老师

次海鹏，男，1984年出生。北京大学心理学博士，曾在西藏支教一年。读研期间自筹资金开始创办第一所幼儿园，创业5年内已经拥有5家幼儿园，用先进的管理理念和互联网精神快速成为幼教行业的后起之秀，年营业收入超过千万元。2011年收购打工子弟幼儿园后，用公益的态度和可持续发展的办园理念，让公益项目真正落到实处。

叩问生命

西藏的游客有三个层次：一是欣赏美景，二是寻找信仰，三是一个生命在叩问和聆听另外的生命。

北大毕业时，22岁的次海鹏毫不犹豫地选择进藏支教。在这片神圣的疆土上，海鹏整整用了一年的时间，叩问自己人生的意义。

火车经过青海无人区的时候，途经那些终年寸草不生的土地和石头，才发现盛夏中也是有地方在荒凉的，热闹中也是有人在寂寞的。有些石头在为没被女娲选中悲伤，可有些石头连悲伤的权利都是没有的。

有些地方你从来没去过，却觉得自己曾见过，有回家一样的亲切感。看到那些逆光下飞扬的经幡和喇嘛的微笑，听到那些好听的诵经，喝到浓重的酥油茶，就心生莫名的欢喜。

海鹏在拉萨中学整整支教一年。作为北大毕业的学生，海鹏在孩子们眼里本身就是一个真实的神话。绝大多数孩子长到十六七岁都没有离开过藏区，北大，对于他们来说是多么向往和敬重。

春夏秋冬，四季轮回。海鹏看着那些海陆变迁不喜不悲的雪山，想到一百万年前这里还是海底的海底，印度洋和太平洋板块不断挤压，世界最年轻的高原成了世界之巅，就会觉得"人定胜天"这四个字有多么遥远。

西藏并不能像消毒液一样洗涤心灵，也不能像忘情水一样让你忘掉烦恼。但是西藏会告诉你：生命的迷人就在于明知道所有都是空的，到头来我们都是天葬台上秃鹫的肉馅糌粑点心；可是在这之前的每一刻又都在执着，并且每一刻又都值得执着——生命虽然因为恬淡而领悟，但却因为执着而动人。

从西藏回来之后，海鹏逐渐弃了仕途的打算。攻读北大心理系的硕士和博士学位。

由外到内的心理跨越

地质和心理学这两个专业，其实是对生命由外到内的两种存在形态的不同诠释。我们生活在同一个地球上，每个人却有截然不同的未来。改变地球并非你我力所能及，改变一个孩子的命运却是触手可及。海鹏在2010年读研期间做出一个惊人的决定：创办幼儿园，提高生命起点的质量。

这个决定让大多数人觉得不可思议。尽管发展和比较心理学所研究的对象是生命的发展过程和成长规律，但是这对于一个从来没有带过小孩的男青年来说，似乎显得有点不那么搭调。

导师苏老师给予了海鹏很大的支持。海鹏和师弟夏海伟将公司注册为润如苏教育科技有限公司。借着"天街小雨润如酥"来形容来形容教育的细滑润泽，同时也表达了对苏老师的感恩之心。

海鹏用了一个多月的时间筹措资金。完全与正式的路演一样，写商业计划书，展示方案和答辩，进行财务预测等；只是路演对象不是投资机构，而是海鹏父母以及几位同学和他们的亲人。"财团"可不仅仅是父母亲人们的友情赞助，"财团"跟所有的投资机构一样，要求明确的发展前景和投资回报。

最终有7名同学朋友以及他们背后的亲友团肯定了这个项目，并在资金上以类似众筹的方式入股。2010年，第一家幼儿园正式开业。

幼教这个行业，整天面对的是低龄的小朋友和焦虑的家长。实际情况往往跟学习高深的理论是两码事。幼儿园的孩子很少见到"叔叔"老师，家长们对这个热血男青年是否有足够的耐心能够承担起小孩吃喝拉撒的责任表示忧心忡忡。

第一所幼儿园在一片质疑声中开业了。第一年的经营还算顺利，这为海鹏的未来构想带来巨大的信心。

在幼儿园行业，家长需要预先缴纳数月的托儿费，因此公司不缺乏现金流。当人生第一次能够运用一大笔现金之后，应当如何使用？合伙人中有人主张投入研发、有人主张业务拓展、有人主张收购兼并、有人主张回报股东，毕竟每一笔资金都是这几位年轻的合伙人从亲友那里筹措到的。每一笔钱，都关乎好几个家庭的老人的多年积蓄。

价格相差十倍的未来

北京朝阳区的城乡结合部有个叫马泉营的地方。这里是社会底层的外来打工者在北京栖息落脚的地方。在这里居住的人们，不管是做导购的、做二手房中介的，还是做服务员的，他们的职业和生活方式都与城市白领、中产阶级这样的标签毫不相干。这些家长大多只有初中学历，他们的小孩只能在一所没有资质、破旧不堪的幼儿园里度过童年时光，这样的教育与素质教育一点都不沾边。

海鹏毅然决然地收购了这样一所打工子弟幼儿园。明知赔钱、明知费力不讨好、明知困难和麻烦事没完没了，他还是坚定地完成了收购。

海鹏的想法很纯粹：能做多好，就做多好。下面是他的部分记录：

去年冬天，快到过年的时候，我们在东北五环外的朝阳区马泉营村收购了一家非常小（四个班，总面积不到200平方米，30个孩子）的打工子弟幼儿园，用媒体的话来说，是一家"黑园"，没有教委认可的资质。拜托不要因为这个原因诟病我们，北京市任何一个村子都有三到四家这样的黑园，农村打工子弟的孩子们上的幼儿园几乎都是这样的园，他们也只上得起这样的园。市场需求如此，我们不做，自然有别人做，相比起别人，我们还算得上有良心。

收购的过程和一般的兼并购一样，简单地说就是给钱、走人。本来想让海淀区的园里面出一个老师作为园长，但是很多人嫌条件差，加薪40%也不愿意去，一怒之下，我自己去当了园长。过渡时期内，所有的体系都按照原先的走，这些打工子弟的孩子们每个月需要缴纳350元钱的费用，包括学费和餐费，每周有六天在幼儿园里上课。他们的家长大多是附近小工厂的工人、商店饭店的服务员、附近别墅区里的保洁保安以及一些小公司的技术工人和营销人员，每个月最多四天的休息日，工资大约在1000元左右，对价格很敏感。每个月350元的托费应该非常逼近他们能够承受的极限了，这个价格不到我们海淀区的幼儿园每个月收费的十分之一。我本来没有抱着多崇高的目标去做这件事情，想的只是TMT领域的名言：用户数量上去了，赚钱是不成问题的，直到当园长后发生的一件事彻底改变了我的想法。

在园里面吃的第一顿饭让人难以下咽，菜发苦，大人吃都涩涩的口感，孩子们能喜欢吃吗？我叫来做饭的师傅责问，师傅很委屈地说出了让我很无语的原因：为了节约成本，原先的园长都是去买当下最便宜的菜，难免会不新鲜，需要用十三香来压味道。我去厨房检查了一下所谓的"王守义十三香"，出来就让他们把所有的调味品扔掉，然后去家乐福买了一批新的回来。第二天中午吃饭，好吃了不是一点点，孩子们吃了一小碗之后说想再加！做饭的师傅很兴奋地说："园长，你买的十三香真香，孩子们吃得可多了，都不够吃！"我一点都兴奋不起来，那天下午我都很难受，一方面是真没吃饱，很饿，另一方面想到之前孩子们每天因为饭的问题吃得不多，和同年龄段平时接触的一些孩子相比好像身高确实低一些，心里很难受。晚上，马泉营村的暖气不好，我蜷在被窝里，想到这些孩子们和自己的家长挤在如此冷的租住的小屋子中，挣钱谁都想，但是挣这些家长的钱真的是会非常愧疚，然后决定把这个项目做成非盈利项目。

剩下的事情其实简单了很多。卫生安全方面，采购的工作全部转回海淀的幼儿园这边，无论是食品和日用品，只要是带包装的，一律从麦德龙超市采购，蔬菜之类没有包装的东西也让海淀这边的后勤负责人采买，然后统一配送过去；饭菜质量方面，提高了肉蛋奶和水果的比例；教学质量方面，从海淀这边的园里面成功说服了一个经验非常丰富、有北京市一级幼师资格的老师过去担任园长；管理和教学一起抓，还利用课堂间隙简单地培训那边的老师；还有，每个月让海淀这边的外教过去给孩子们上一堂课，一个月一节课似乎能起到的作用有限。外教们对于这个事情还是很支持，但是对于额外的工作比较抵触，这个基本上是极限了。

到了今年的六一，我们正式接手马泉营村的这家打工子弟幼儿园已经半年了，孩子的数量已经从不到30个，变成了现在的接近60个，不得不开始找更大的地方来办了。最让人欣喜的是，通过马泉营的这样一个试点证明了这样的一套模式是可行的，并且是能够自我循环的。6月份开始，我们可以迅速把这样的模式推广到任何打工子弟聚集的区域。大概4月份的时候，附近的其他3家幼儿园的园长希望联合我们一起涨价，从350元涨到450元，被我拒绝了，至此，我觉得自己做了一件真正正确的事情。

故事大体上讲完了，思考却没有停止。由于没有盈利，而且需要付出大量的精力，个别时候真的是觉得很累。上个月的一段时间，我真觉得坚持不住了，真想直接关了得了。刚巧那个时候小贩夏俊峰的事情成了社会热点，某天我看了一期凤凰台的"冷暖人间"，夏俊峰的妻子张晶回答了记者的一些问题，当天晚上和老婆交流这个问题的时候，快为人父母的我们两个人哭得稀里哗啦的。张晶原先是在沈阳的一家幼儿园做面点工，幼儿园关门后，家庭失去了经济来源，后续发生的变故也与此有关。我想起了在给马泉营园的老师们加薪200元后她们的兴奋劲儿，某个老师给自己的家人打电话，因为自己有还算是稳定的工作的那份自豪感……有5个家庭的幸福和自己有直接的联系，几十个家庭的未来和自己有间接的联系，从没有过的社会责任感和使命感啊……

张晶的很多话让我非常有感触。她说在夏俊峰出事之后，她只能给孩子买得起一块钱以下的雪糕，孩子也非常懂事，从来都不要雪糕。有一次，孩子看到街边有个人在卖小面人，非常喜欢，一直盯着看，一问价格十块钱，就不开口了，说自己不喜欢……我小的时候喜欢看小人书，逛街的时候妈妈会问我：要书还是要冰糕，我选书，不过我会手里攥着书一直盯着别的小朋友手里的冰糕看。那个时候谁会想到如今贫富分化竟是如此的严重，在幼儿园的学费支出上面，一群还不算非常有钱的父母就能比另一群还并不是最穷的父母多支出10倍以上，综合算下来，投入到孩子们身上的钱，差了可能有30倍不止。我们中的许多人都会选择独善其身，赶紧先爬到贫富分化体系中的上层，我也在做同样的事情，不过这些负面的东西离我们并不遥远。这些打工子弟的孩子们对于有价值的东西非常看重，他们会为了一张贴画去和别的孩子打架，他们在玩抢椅子游戏时，男孩子会出手打女孩子，他们争强好胜，他们会为任何一个游戏的失败痛苦地哭，他们中的很多不爱和别人说话。在我们的孩子学习如何弹钢琴时，他们在学习如何变得强硬，如何可以从并不公平的竞争中胜出。而最关键的是，虽然他们童年的价格不如我们这些所谓"精英"的后代十分之一，但是数量却是我们的几十倍、上百倍。我的孩子9月份就要出生了，我不愿意自己的孩子生活在如此对立的环境中，你呢？

怎么办呢？唉，少谈些主义，多做些实事吧！

这是海鹏在人人网上发自肺腑的声音。那一年，他有了自己的小孩之后，更加能够理解到为人父母的柔软心情。

幼儿园的管理哲学

第三个、第四个小汉顿幼儿园陆续开业了。幼儿园这个行业永远是人们的生活刚需，从来不缺乏客户，但是每一次创新都必须比任何行业面临更大的挑战以及额外的小心谨慎。没有任何一个家长愿意在情况不确定的情况下，将自己的孩子作为幼儿园管理变革的实验品。况且，这个行业永远没有最好，所谓"好"的评价，首先来源于没有多少"不好"。

幼儿园首先是个企业，是一个商业组织；健康的财务增长与良性经营才能经得起市场和家长的检验。海鹏进行了三次重大的管理变革，向这个古老而传统的行业注入现代化的管理思维，赋予它新的发展活力。

第一，教育改革。幼儿园是孩子走出家庭跨入社会的第一个社会群体。尽管孩子在家是父母的掌上明珠，是家庭的中心。所以每个孩子进园后，都要经历从"以我为中心"向"以群体为中心"的转化过程。我们常常感叹西方教育对人性的激发和对孩子人生观的塑造，却很少能够有幼儿园将真正的心理发展课程纳入到日常教学活动中。家长们更看重孩子识了多少字、画了几张画、学会算算数这些技能，但并不理解幼儿心理的发展规律。小汉顿幼儿园已经是北大发展心理学的实验基地，海鹏借助于母校的力量，整合科班学术出身的专家，把更多前沿的学术成果落地到幼儿教育实践当中。

第二，管理改革。幼师这个职业往往在收入和社会地位上都算不上多么优越。加上体力方面的辛苦以及承担巨大的社会责任，行业的特点让人才流动率始终居高不下。没有任何一个家长愿意在自己孩子身上看到一支不稳定的教师团队，解决人才的选预用留机制才是保证组织健康发展的关键。海鹏将公司化的管理理念引入到幼儿园中，通过高科技企业的任职资格管理模式，对幼师队伍开展职业生涯通道建设、人才梯队建设、管理人才储备等大公司的人才管理手段，让每个老师看到在小汉顿工作的职业发展前景，实现了对骨干人才的激励与保留。

第三，商业模式改革。传统的幼儿园在伙食、场地、装修等等方面经常受到家长们的质疑。在这些硬件和基础服务方面，信任是最大的沟通成本。无论幼儿园采购多么良心的食材，无论在装修上使用什么品牌的涂料，都难以让所有家长真正放心。这些工作占据了幼儿园管理中的大量精力，难以让管理层把心思完全聚焦到教育本身上面。在互联网思维渗透到各行各业的今天，幼儿园这个行业大多还保留着传统的思维方式。

海鹏的北大心理学博士足足用了八年才毕业，比别人多了近一倍的时间。幼儿园有大量繁琐的事务，心理学研究需要做实验、收集和分析数据，完成一篇英文的SCI（美国《科学引文索引》）文章以及符合北大博士身份的高质量学位论文，就是在这样一种不得已的兼顾中，海鹏有机会碰撞思想，认真思考。共享经济作为互联网时代的一种哲学方式，开始打破行业之间的壁垒。海鹏认为，幼儿园可以借鉴共享经济的模式，让家长作为共享资源参与经营管理，借助于社会力量提供更加优质和高性价比的基础服务，通过APP等高科技手段避免信息不对称和加强沟通，让教育工作者的工作重心回归到最本质的育人工作中来。

第一个定制化的幼儿园是美林儿童之家。家长们自行提供场地、监督装修、采购食材、聘请厨师；幼儿园提供教学服务。家长们可以在APP上实现家园沟通，还可以参与到课程方式的选择当中。APP上除了监控孩子的起居生活以外，还能够与课外班、兴趣班、早教机构和商家合作，为家长提供一揽子的教育、生活、服务解决方案。

通常的幼儿园师生配比是1∶8，美林儿童之家的师生配比是1∶4。采用共享经济的管理模式之后，家长们不再怀疑幼儿园是否克扣了餐费，也不必再顾虑装修时是否采用了优质环保材料，更不用担心老师们对自己的孩子不好。家长们更愿意他们的小孩能够得到更专业、更精心的教育和照料，因此愿意出更高一点的学费，把钱真正地用于提高教师的收入和公司的良性财务增长之路。管理透明所带来的效益不仅仅体现在成本节约和管理简单化方面，而是大大降低了由于不信任所产生的成本，同时打开了一个长尾的市场，实现了可持续性的跨界经营。

理解孩子，理解家长，理解社会。世界上从来就没有传统的企业，只有传统思想的经营者。

真正的愤青，真正的公益

中国的家长是焦虑的家长。在层出不穷的负面事件曝光后，无论幼儿园如何努力，家长们都难以做到真正的信任和放心。海鹏在自己有了两个孩子之后，完全能够理解家长的忧心忡忡。

用互联网思维提高效率和扩大边界，然后实打实地将线下的服务做好。做了五年的幼儿园"叔叔"，面对上千个幼儿的人生启蒙教育，海鹏由一个热血大男孩逐渐蜕变为一个成熟稳健的男人。北大学子那股愤青劲头，永远是海鹏内心暗流涌动的情怀。

在发表了《价格相差10倍的未来》之后，海鹏又写下了《价格相差10倍的未来2》。

去年六一，写上一篇日志的时候我们还在为找个更大、更合适的地方给这些孩子急得焦头烂额，到了去年7月中旬的时候，已经找到了一个合适的地方，租了其中的四间平房，300多平方米，关键是有一个虽然不属于我们，但是可以随时借用让孩子们做户外活动的院子。打工子弟的孩子平均身高不如城里的孩子，我们之前在伙食方面改善了一些，现在可以同时让孩子们多晒晒太阳，方便维生素D的合成，快快长高。新园所的装修颇费功夫，那个地方的水和电都需要从百米开外引过来，还没有下水系统和屋顶防水，搞了很多基础设施建设，导致超预算三倍还多……过程虽然复杂，不过还是把那里装修成整个马泉营地区条件最好的幼儿园了。去年下半年的打工子弟园比起来绝大多数正规幼儿园肯定还是有差距的，不过至少教室像教室，洗手间像洗手间，厨房像厨房了。

事情比我预计的更加顺利，可能这件事情真的是有巨大需求的，到了去年年底，学生人数突破了60人，在新的房租水电等成本条件下，而且在没有给学生家长增加负担的情况下，再一次达到了收支平衡，让我们看到了这件事情的希望，于是决定把这里做成一个有正规幼儿园条件和资质的幼幼园。在原有的四间平房的基础上，我们拿下了其所在的相对独立的院子，有两亩多地，把原先的房子进行了加固和翻新，目前的幼儿园有1100平方米的建筑和800平方米的院子，所有的教室、功能性房间还有户外场地都是按照正规园的要求来做的。新落成的幼儿园有九个50～70平方米非常方正的大教室，还有一个接近100平方米的音乐教室/活动室，整体面积超过100平方米的厨房区域，以及各种功能性的房间和办公室，细节上也非常注意，倾注了我们办幼儿园的各种经验，当然同时考虑了成本因素。

这样的改变很幸运地恰好符合服务的客户群体对于"条件"和"排场"的需求，在同时兼并了旁边一间同类型幼儿园（教师队伍我们比较看好）的情况下，学生人数翻了一倍不止，截至五月底突破了160人。学生人数的暴增，给我们带来了很多管理上的困难，还好各种各样的问题都顺利解决。其实真正值得我们骄傲的是在教学方面所下的功夫，我们提出各种优惠的条件引导原先没有教师资格的老师去参加基本的保育员培训，获得技能和资质，然后大量引入具有教师资格的老师，逐步实现所有的班级都能够达到一教一保（一个教师一个保育员）的人员配置，这在打工子弟园中间是非常少见的。

简单的情况介绍完了，下面便是讨论部分。这一年在做打工子弟幼儿园的感悟主要有以下两个方面：

第一，志愿者模式的无奈。

作为一个曾经和组织靠得非常近的人，我自己做过团中央的那个"西部计划"的志愿者，在西藏支教过一年。我觉得自己在道德水平、毅力等方面还算是勉强能到平均水平，但是在那一年里面真正能够满怀激情的时间大概只有三个月，不到100天，之后便是各种茫然和琐事。对于教育来说，我个人认为，一个老师最好带一个班级三年时间，稳定的环境以及有连续性的教学活动对教育是非常重要的。而志愿者模式显然做不到，目前国家花很多钱来搞的志愿者项目大多是一年期的，还不能保证志愿者们能够全情投入整一年；提高教育项目的志愿者年限到三年更不现实，凭什么啊，志愿者不用养活父母、老婆、孩子啊，有抱负的官二代和富二代倒是可以考虑，这样的人不少，可抱负在此的估计比熊猫多不了多少；民间的一些项目主要靠志愿者个人/组织的自觉，主要的问题也是"自觉"这事儿不靠谱，要不是频次不够起不到实际的效果，要不是坚持的时间很短，人员流失非常严重。像卢安克那样的志愿者肯定也有，数量可能也不少，但是相对于需求来说，杯水车薪，找这么一个典型例子比树个清官的典型还难，可想而知这样的志愿者多稀缺啊……

因此，我们如果要进行公益教育的话，需要有一支专职的、稳定的教师队伍，维持这么一支队伍，还希望这支教师队伍的素质不要太低，只能通过市场的手段，即给这些教师提供在目前市场环境下他们应得的工资和各种待遇水平。目前巨大的贫富差距所造成的整个社会的浮躁，是我们遇到的最大的敌人，教师难招并且流动率高，在这种情况下，用什么理想来挽留都没有用，只能用钱，一点儿都不崇高的现实，教师也是普通人……这样势必会增加办学成本，提高学生家长的负担，但是这些钱是必须要花的。学校在教师队伍稳定之后，可以通过提高管理和运营的效率来降低成本，在学校的运营达到了收支平衡之后，多几个孩子对于成本几乎没有提升，但是每个孩子所需要分担的成本就会下降一些。把学校做好，多吸引孩子来，既使得每一个打工子弟家庭的负担减少，又不违背高水平教育的初衷。如果走不到这样的良性循环里面，打工子弟学校基本上就是一个笑话。

第二，公益教育机构需要有自我生存的能力。

我们自己的这个项目坚持了快两年，中间有过大概5、6次不想干了的想法。我们对自己的道德的自我认识是比较清晰的，大概属于平均水平偏上一点点，因此我们觉得自己还能坚持大概3年时间。之前提到的希望能在40个月内把之前投入的成本回报，实属无奈。在成本回收了之后，也算是不愧对公司的股东，之后的心态就会轻松许多吧，可能能够做成更为理想的公益。在此之前，至少我们找到了一种方法，在市场价格的条件下，可以迅速提高打工子弟幼儿园的教育教学水平，已经值得自豪了。

在中国，并不缺脑子一热突发奇想来搞公益的人和这些人带来的钱，问题是，多少基金虎头蛇尾，多少项目没有下文，非常可惜。公益项目首先需要生存下来。其实弱势群体只是需要轻轻地推一把，给一点点信心，去让他们中间努力的人爬上通向精英的天梯，而我们能做的，就是让那里真的有一把梯子。

用上一篇写这件事情的日志的结尾来做结尾吧，虽然当时有人嫌没有力量：少谈些主义，多做些实事。

这个幼儿园在新的一年马上将进行新一次的改造，很快就会成为规模和条件都达到标准的正规幼儿园，目前已经向教委提交了正式的材料。

海鹏和他的团队有个简单而明确的目标：让中国的家长不再焦虑。这个目标既现实又高远，未来可以做的事情还有很多很多。

人才知了

从"同理心"解读次海鹏的创业基因

著名的软银亚洲投资基金首席合伙人、赛富投资基金创始管理合伙人阎焱说："创业者与企业家的共性就是具有很高的同理心。企业失败的原因有很多，但是成功的企业都具有共性。我们把这类共性的东西可以比喻为一个人的DNA，看看一家企业的成功需要有哪些DNA。"

美国学者迈克·玛多克也曾指出：为什么全球最优秀的企业家多来自美国？这其中至少有三个最重要的因素：资金、同理心和文化。

采访次海鹏的见面地点是在海淀的幼儿园内。他的办公室门口并没有挂任何标牌，在采访过程中，不断地有老师、保安和教职员工推门而入，他们跟海鹏说话时的语气都是轻松随意的，看来海鹏平时一点也没有园长大人的架子。

心理学家认为：同理心，是情商（EQ）的重要组成部分。

"同理心"（Empathy），又叫作换位思考、神入、共情，指站在对方立场设身处地思考的一种方式，即于人际交往过程中，能够体会他人的情绪和想法、理解他人的立场和感受，并站在他人的角度思考和处理问题。

同理心高的人，在与人相处时会让对方感觉很舒服，因此能够获得更多的支持与认同。海鹏在大学期间担任主管生活权益的学生会干部，负责食堂、校车、水果摊承包等生活服务事项。尽管这个角色常常费力不讨好，但是海鹏却能够换位思考地理解对方的处境，在学生和学校之间做出合理的选择。

西藏支教的经历以及开办打工子弟幼儿园的经历，都让海鹏对他人的需求更加感同身受。在面对与自己的生活环境、教育水平和社会阶层截然不同的人们时，海鹏能够表现出很好的倾听和沟通，并且能够站在对方情绪情感的角度去理解和感受他人的处境。

同理心是进入并了解他人的内心世界，并将这种了解传达给他人的一种技术与能力。在衡量过对人/事的影响，尽量接受/谅解别人的处事方式、作风和行动之后，调节一下自我的反应，便是"同理"的表现。即使因此而改变原本的做法或打消初衷，并不代表被同化，而是体谅和尊重。

同理心高的人容易获得较多的人际支持和认可，有利于建立稳定融洽的团队、客户和商业伙伴关系。同理心是人类进步的主要驱动力，人类要想继续生存，必得更多的同理心。

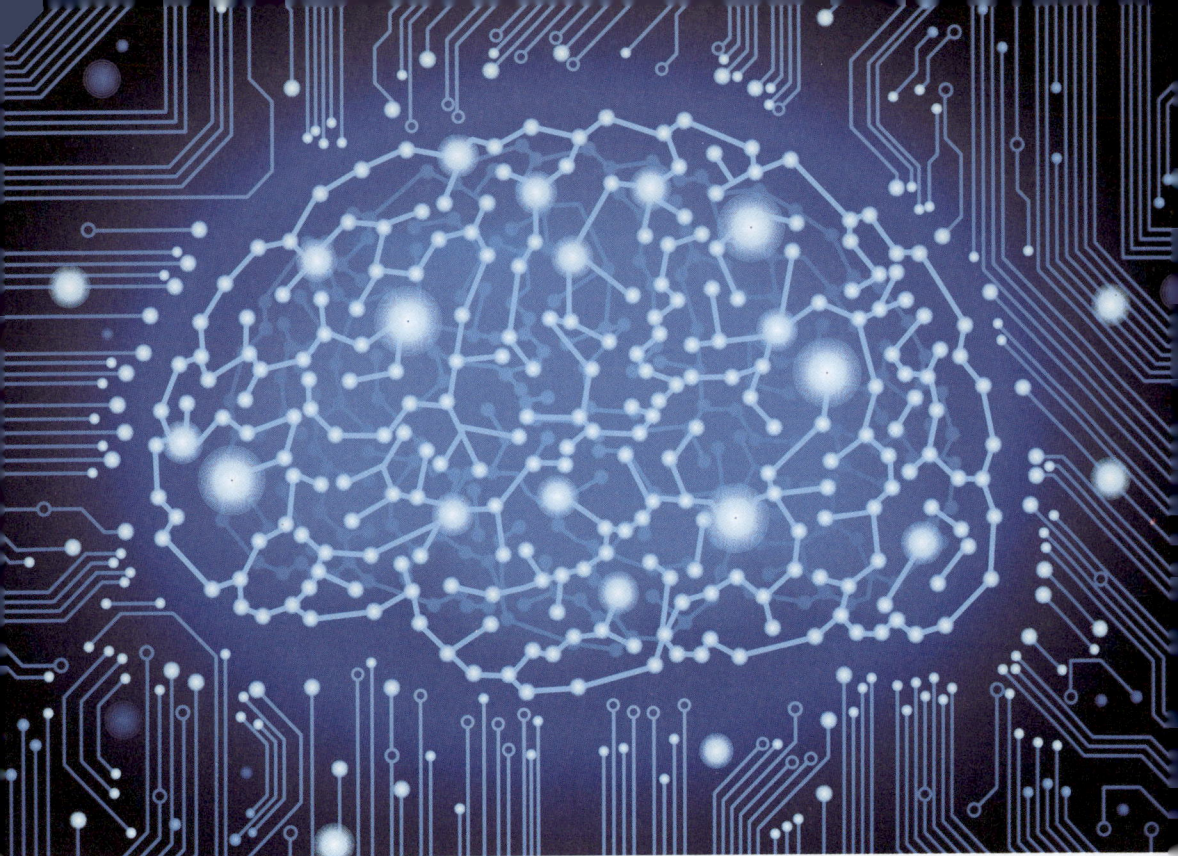

PART 3 第三篇
挑战 创造力

成功不仅仅因为拥有多少经验，而是取决于跨越了多少挑战。

小米的雷军为什么要去做装修？徐峥为什么把《港囧》包装为金融产品？黄太吉的赫畅为什么想把煎饼卖到美国？

他们能够拆除思维里的墙，主动打破经验的枷锁，构建一套全新的思维方式。

石俊峰

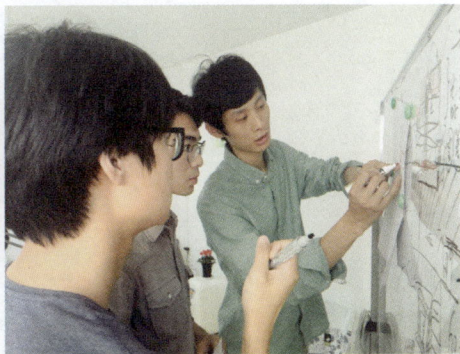

冒险精神：一花一世界，一木一浮生
——打造灵魂的后花园

石俊峰， 1988年出生，清华大学环境艺术设计系景观设计专业本科毕业后，获得清华大学和米兰理工大学双硕士，2015年毕业时放弃瑞典皇家理工的博士申请开始创业，创办了"光合未来"项目。希望通过将艺术与科技完美结合并将科技内化的手段，打造集艺术、科技、植物、设计为一体的新生活空间模式。2015年8月，光合未来入驻清华创加孵化平台，拿到了五万元启动资金，而后迎来了第一位投资人——泰有和水木清华校友基金，种子轮投资估值为400万元，对方投入10%。2016年初达成天使轮投资意向，估值四千万。

消瘦的妈妈跪在招生办老师的面前，不顾尊严地祈求："求你给孩子一次机会啊！"

老师赶紧上前去扶，妈妈非但没有起来，还使劲拽着石俊峰的手喝道："赶紧给老师跪下！"

妈妈苦苦哀求的声音扎进脑海，俊峰看到妈妈佝偻着的后背，他的胸口就像被钝器猛然戳穿，鼻子酸酸的，眼泪一下就掉了下来。

他倔强地扶起妈妈，摔门而去。

这是俊峰长大以后，第一次也是最后一次掉下眼泪。

男儿膝下有黄金

1988年，一个白白净净的男孩降生在这个书香门第的家庭。爸爸是河南理工大学的老师，妈妈是位高级工程师。父母殷殷地期待着孩子能够像他们一样，成为一名高级知识分子。

　　然而俊峰却总是令父母出其不意。尽管曾获得全国奥数一等奖，被老师夸赞聪明好学，但俊峰始终痴迷于画画，上课的时候在作业本上画老师，下课的时候给同学画海报，自己创作漫画、设计各种手作。爸爸很是气恼，画被撕了无数回，揍也揍了无数回；可俊峰还是自娱自乐地画着。

　　这样痴心地画着，学习成绩也是一落千丈，没能考上好的高中。十六七岁的俊峰身高已经高过爸妈，眼看就快要成年了，再这样下去可真是令父母操碎了心，前途无望。

　　绝望的父母商议了很久，不得不面对儿子"不成器"的事实，终于下决心在高三那年把俊峰送到北京去学画画。火车呜呜呜呜地勇往直前，俊峰充满新奇地张望着窗外的一切：宽宽的马路，高高的大楼，五颜六色的霓虹灯，还有一颗少年不知愁滋味的心。

　　七拐八拐地走进一条小巷子，进了一间乱七八糟的教室。这里就是打着央美旗号的培训班。一群衣衫怪异的学生正在听老师讲素描，俊峰心里颇感失望。原以为终于有机会可以光明正大地学画画了，四下张望，却觉得这个地方根本不如想象中那般神圣和高大上。

　　妈妈恋恋不舍地离开北京回到焦作，俊峰犹如出笼的鸟儿一般自由和无拘无束。在这个画室里，俊峰也并未觉得老师有多么高明，倒是橱窗里张贴着那些考上央美的学长们的灿烂笑容，让他觉得自己的照片明年也定会赫然出现在这里。

　　突然远离了父母，挣脱了知识分子的桎梏，再加上迅速渲染了艺术青年的放荡不羁，俊峰每天都过得浑浑噩噩。放了学不是去网吧，就是和同学喝酒。自恃画得还不错，有几幅画还被老师拿上台点评过，俊峰飘飘然地度过了这一年。等待着他的，必然是一个连三本都没考上的结果。

橱窗里并没有出现自己功成名就的照片，反而是父母无言的身影让俊峰觉得心里有些不安。分别一年，父母明显苍老了许多。拿着成绩单回家，一世清高的老爸只是深深地叹了口气，问道：你还打算接着考吗？

手中的成绩单显得很刺眼，那是社会对自己客观而公平的评价。俊峰突然有种不甘心。这17年玩着玩着就过来了，从未想过父母的心情是怎样步步伴随着自己的桀骜不驯而跌宕起伏的。他突然间有种荒废多年之后大器晚成的冲动，暗誓自己一定要东山再起。

第二年，换了一个管理极为严格的画室，俊峰开始奋发图强。家境并非多么宽裕，父母倾其所有支持儿子复读。一个月300块钱的生活费，俊峰把所有省下来的钱都用来买画具，他实在是无颜再给父母提出增加开支的要求。有几次，俊峰甚至就着白米饭吃同学盒饭中的剩菜，把饭钱节省下来买画笔和书籍。

老师开始越来越多地拿俊峰的画来点评，俊峰渐渐倍受鼓舞。一年的勤奋刻苦，再加上几分的艺术天赋，这次高考当然是信心满满、志在必得。那年春天，俊峰报考了八所提前招生的艺术类院校，拿到了包括清华和央美在内的七份专业录取通知书。

想想自己毕竟在一个小城市里生活，本身底子就薄，再加上复读已经耽误了一年。这次高考就不要奢求清华美院这样的顶级大牌院校了，能够平平安安地上一个艺术类的一本，已经能够笑报父母、重振人生了。

那年某大学的艺术系在河南省共有两个招生名额，文理各一。俊峰是理科生里文化课成绩最高的，同时艺术类考试也是第一名。对于这个板上钉钉的美好结果，让苦尽甘来的父母笑开了花，可日子一天一天过去了，同学们陆陆续续都接到了录取通知书。可俊峰等来的却是被退档的噩耗。

　　父母立即买了火车的站票，站了11个小时赶到北京，找到该学校招生办。招生办老师回答：河南招生计划临时调整为招两名文科生，取消了理科生名额。

　　一世清高的妈妈扑通一下跪在招生办老师的面前。妈妈拽了下爸爸，一对年迈的高级知识分子双双颤抖着跪在招生办。

　　父母跪倒的这一刹那，俊峰的眼泪忽地涌了上来，这一幕永远铭刻于心。他狠狠地挣脱了妈妈的手，愤然摔门而去。

　　一家人的心被无情地碾压着，苍凉而绝望地回到焦作。爸爸放下身段去哀求，校长终于想办法从省招办增加了一个录取名额。这所名气不大的二本大学的录取名额，用尽了父母一生的颜面和期待。

　　爸爸小心翼翼地把录取通知书递到儿子面前说：孩子，你看要不上这里吧！

　　俊峰双手捧过，细细阅读后，一声不吭地撕碎了它。

一沙一世界，刹那成永恒

　　俊峰崩溃了。

　　整整两个月，他把自己锁在房间里，他不知道自己哪里做错了，自己的辛苦付出和努力顷刻间化为乌有。才18岁玉树临风的小伙，却已憔悴不堪。

　　七八岁的时候，俊峰对院子里那个深不可及的防空洞产生了强烈的征服欲。尽管大人严加告诫，小孩绝对不可私自进入。俊峰还是觉得自己有能力征服这条幽长深邃的无底洞。

俊峰终于鼓起勇气，迈着小猫一样的步伐一步一步走进去。一股扑面而来的潮气夹杂着难闻的恶臭吓得他赶紧往回跑，第一次楼梯没走完就跑了回来。第二次约了几个小朋友，带着蜡烛一起下去，没走多远蜡烛由于没有氧气而熄灭了。第三次带上手电，每走一段做一个记号，直到手电没电了只得原路返回。第四次、第五次、第六次，每次都比上一次前进得更多一点，直到两个多月后，几个小学生从距离防空洞入口几公里以外的另一个出口走出来，才发现这里已经由市中心的家属院到了城市边上的小学。完成了对防空洞的征服，成功地战胜了黑暗与恐怖，大家都开心极了，这是几个小孩永远的小秘密。

把自己关了两个月之后，俊峰梦见了那条幽长深邃的通往无底洞的路。他小小的身躯举着一支忽明忽暗的蜡烛，带着一颗充满悬念的心，提心吊胆地朝着一个未知的方向走啊走啊。走了很久，他早已精疲力竭、口干舌燥，倏然发现有一处光亮就在前方。俊峰"腾"地一下惊醒了，他清醒地意识到：路在脚下，目标在远方。

万物轮回，生生不息。年轻的生命从哪跌倒，就从哪爬起来。秋天的时候，俊峰又回到那个熟悉的画室。画室的老师说：咱们这间小小的画室足足培养了你三年，你要给画室、还有你自己一个漂亮的交代！

在填报志愿的时候，俊峰不顾老师和父母的劝阻，只填报了唯一的志愿：清华美院。人生就是一场赌博，把20年的人生当作一锤子买卖的筹码，愿赌服输。

那年报考清华的美术考生共有18000多人，招生名额是240人。也就是说，只有1%的幸运儿能够拥有水木清华的人生经历，100个人里才有1.3个。

俊峰很固执地做出这个高风险的选择，他想：人生若连这点冒险精神都没有，索性一开始就别谈什么艺术情怀。

俊峰以超过清华录取线30分的成绩拿到了录取通知书。妈妈哭了，爸爸笑了，俊峰却超乎异常的平静。

四年本科结束时，俊峰以学院五年以来最高分的毕业设计成绩和排名第一的名次，被保送清华大学艺术硕士和米兰理工大学工程硕士的双学位研究生。研究生期间，两年在清华上课，一年在意大利上课。七年下来，一个曾经放荡不羁的少年完全改变了人生轨迹。谁也想不到这位踌躇满满的年轻人曾经经历了怎样的磨砺。

毕业的时候，生活又和俊峰开了个不大不小的玩笑，俊峰的人生又一次被改写了。

七年下来，俊峰的设计造诣不仅令父母刮目相看，就连中国和意大利的老师们也觉得这是块学术的好料子：有情怀，肯钻研，愿意做学问且能够承受挫折，富有艺术家的浪漫气息和冒险精神。再加上父母的书香传承，将来定是一位出色的设计师。

俊峰的毕业设计主题是《城市化发展过程中，人与自然关系的演变》。经历过三次高考的大起大落戏剧人生，毕业首先是需要给自己跌宕起伏的青春交上一份漂亮的答卷，其次是回报给哺育自己七年的母校一份诚挚的学子之心。他全情投入，精心策划了这个主题；不被名利所绑架的艺术家是最纯粹的，这样的作品当然也是超然于毕业答辩本身单纯的目的的。

这个主题不仅仅是画画图、应付着做个艺术论文就可以对得起自己的良心的。这个主题汇集了历史、文化、心理学、社会学、人口学、艺术与工程等等诸多领域，是人类文明演变的绘本，也代表着人类文明进步在刹那间的永恒。

当俊峰在米兰的导师面前进行答辩时，这位来自中国的学生获得了在场全体导师极高的赞誉，最终以110分满分和四门专业课程满分的成绩毕业。回到清华后，同样的主题、同样的答辩、同样的学生，唯一不同的只是答辩老师由意大利人换成了中国人，俊峰却在瞬间从美妙的高峰跌入刺骨的深渊。答辩结果顶多称得上勉强及格，与同学们相比，那叫"脸贴地"毕业。想想自己曾经靠着节衣缩食省下来的那点可怜的人民币作为经费，在欧洲四个国家一步一步走出来的调研资料，以及在北京六环内280多个公园绿地扎扎实实留下的调研身影，俊峰觉得这真是一场黑色的讽刺。

在中国，评价设计师的标准是图纸制作的水平，而不是人文设计的哲学思想。因此俊峰的努力研究被认为太倾向于社会学而不是设计学，新的方法论被质疑失去了行业技能传统。俊峰却执着地与传统的学术思想较劲，他坚信未来社会的设计师，一定要肩负优化社会的使命，而不是单纯地以乙方身份自娱自乐地完成一个纸上谈兵的设计任务；他坚信设计师的存在就是要让千千万万的人们拥有更加美好的生活和更加美好的心灵。俊峰牢牢记得在参加国内毕业答辩的那一刻，教授用冷眼甩过来的那句不屑的评价："你不是一个合格的设计师，将来不会有人找你做设计！"尽管石俊峰在就读期间就获得了景观设计师资格证，就拥有了自己设计的两座建成建筑、七个室内项目和一个景观项目。这句不负责任的评判让他仍旧想要追寻更大的舞台，拥有更大的能力。

答辩现场，俊峰当即做出一个新的、充满未知和挑战的大胆决定：告别清华，同时放弃瑞典皇家理工的博士申请，毫不回头地离开了学校。选择创业，选择去社会上实现自己的价值。他说，想给自己一个改变世界和改变自己的机会。

剎那即是永恒。

一方一净土，一笑一尘缘

欧洲的公园大多是小而分散的。公园的出现是16、17世纪，革命者开放了贵族的后花园，将其变成民众休闲的场所。尽管经历了各种战争中的炮火纷飞，但高度文明中的感化下，士兵对历史遗迹保护的意识也相当强烈，因而并未遭到多少破坏。

美国的公园大多是大而集中的。对于这个历史相对短暂的新兴国家，公园的出现是伴随着现代化大城市的建设，而事先规划设计的。除了与大城市同步的策划，美国政府还会将一些犯罪的高发地区改造为公园，例如著名的high line公园原来就是令人头痛的犯罪高发区，政府通过对环境的改善，实现了对人们心灵的美化。

中国的公园，大多是我们每个国人熟知的套路。首先要有一些古老的传说和文化符号，例如龙凤、元宝、麒麟等等，再附上一段老掉牙的神话故事作帮衬，什么山上飞来一只仙鹤，远处来了个骑着乌龟的老头，诸如此类。而1952年后伴随着大地园林化的口号逐渐开始的景观建设"大跃进"活动，单纯地把自然建设变成了绿化数据指数的增加。而往往容易忽略了公园最本质、最朴素的需求——城市化发展过程中，人与自然关系的演变。

离开了清华之后，俊峰天真地以为，他的毕业课题能够打动政府主管部门，在北京的280多家公园里，拿出那么小小的一片空间，让他改造一下，真正在实现人与自然的和谐。

这个情怀满满的想法在遭受四面碰壁过后，俊峰发现这是一条走不通的死胡同。他和新婚妻子在回龙观租了居民楼一楼的小房子，百无聊赖时只得闲在家里种种花草。他把一楼门前的一小片土地开垦出来，种上时令的瓜果蔬菜，日日与植物为伴。发芽的银杏和紫藤、爬满墙面的丝瓜和黄瓜，红彤彤的朝天椒……设计师在小小一片简单和谐、温柔俏美的净土种下向往自然的情怀，精心打造着灵魂的后花园。

光合创意，似水年华

我们为什么喜欢植物、喜欢绿色？因为人类源自于自然，自然赋予了人类最永恒的财产——时间，现代生活让人们拥有了日复一日，周复一周的循环时间概念，人们逐渐忽视了大自然时间的不可逆属性，也会失去了看动物繁衍生息、林木生长的自然乐趣，城市的钢筋混凝土意图打造一个永恒的世界，而自然的永恒只存在于时间的进程之中，在不断的变化中实现永恒，而不是在虚假的不变中实现永恒。这种天然对时间的知觉引领着所有人回归自然，这既是天性使然，也是人类发展的必然。

俊峰悉心打理着他的小小花园，这小小一方净土让他感到愉悦平和，身心放松。这些不会说话的朋友每天竞相展示自己最傲人的枝叶华茂，这比什么功成名就都来得更淡然笃定。

为什么不能通过对园林行业的颠覆性创新，让每个人都可以用更好的方式和自然拥抱呢？如果自上而下的大型公园建设并不可行，那自下而上的重返自然是否可行呢?

如果将家居的植物弄得跟换衣服一样随性自如,春季嫩粉鹅黄,夏日姹紫嫣红,秋天深邃浓郁,冬令高冷傲骨;室内花园株株怒放的笑靥等待着下班回家的主人,该是多么妆点内心的灵动。

养花的人无非三大苦恼:光照、生虫和浇水。有时我们越是按照教科书精心伺候,它就越是来了公主脾气,偏偏不肯赏脸好好长。目前所有的家居植物都只有依靠经验和感觉来见机行事,不能科技化、标准化,因此令许多爱花君子望而却步。

让你钟爱的植物"智能"地生长在你家的墙上,既不占地方、也不要求采光向阳。在花艺中重新找回激情的俊峰立即开始研发,在一片薄薄的背板上植入低能耗的水循环和模拟日照系统,它能够根据植物品种自动调整到花期所需的最佳环境;采用具有国际专利的高分子聚合材料替代传统的土壤,喜欢的植物可以随时插入便能存活。好看的花系像穿衣服一样,既抒发着今天内心的情感,又散播着当下的性情。

这款人见人爱的产品好评如潮也获得了许多美誉。清华团委的"创+成长"项目为俊峰投入第一笔五万元的种子基金,几个平均年龄不到23岁的年轻人便正式开始了他们的第一段职业生涯:光合未来绿植科技有限责任公司,提供全领域的室内生态自然花园系统,探索人与自然的明天。

真格基金是由新东方创始人之一徐小平于2006年创立的天使投资基金。在第三次给真格基金发送了BP(商业计划书)邮件之后,俊峰的项目作为在上万个项目中精挑细选的15名之一参加了路演大赛,最终以第一名的成绩一举夺魁。从百分之一入选清华美院,到千分之一入围真格基金,再到万分之一榜首夺魁;偏执狂与疯子往往只有一步之遥。

　　情人节时你可以为爱人布满四壁玫瑰，母亲节时你可以为娘亲送上自家的康乃馨；出国20天不必担心无人浇水而干枯，四季变幻总有不变的花靥为你绽放。垂直绿化卖的不是产品，是艺术与科学相濡以沫的结晶。

　　MIT（麻省理工）每年在全球征选经典商业案例，2015年共在全球评选出四个案例入选到MBA教材中。俊峰的光合未来作为四个案例中的一个，与全世界的商业精英分享花中的世界。这个荣誉无比各种商业奖项与名利来得傲骨清高，俊峰终于可以释怀"贴地"毕业的符号。

　　光合未来通过整合行业资源，利用科技与艺术，提供更灵活、方便、安全的室内绿植解决方案，让人们拥有属于自己的室内花园。同时，借助物联网构建线上社区，更立体地为人们的居住环境提供以植物为基础的系统解决方案。一改传统的土壤培养方式，以培养基作为替换，植物更易成活。智能的花器（花盆）可根据用户需求，结合星座、性格、职业等进行私人定制。用户可以通过互联网看到自己植物的各种成长状态，包括温度、水分等，以便及时对植物进行补光或补水，确保了用户可以远程监控自己爱植的生长。同时，光合未来拥有强大的植物信息库，用户还可得到养护绿植的私人服务，接收到养护建议及基本的绿植养护知识。

色即是空，空即是色

　　色，是一切有形有相的事物。空，是事物的本质。

　　色即是空，空即是色。

　　第一次高考，是自己修行没到，怨不得任何人；第二次高考，稳操胜券突然变成镜花水月，可望而不可即；第三次高考，是一场看空，尽力尝试，不给自己留下遗憾；拼搏的过程远远大于清华美院这四个字的结果。

在创业的道路上，欲望往往会成为羁绊。为了名利而创业的伙伴，往往禁不住利益的诱惑，作为急功近利的选择，最终欲速则不达。

不生不灭，不垢不净，不增不减。俊峰有一句微信签名："我生我逝，不去不留"，对着花花草草修修剪剪，拔除那些过度生长的枝芽，这是最让俊峰感到开心和放松的事情。不管人有多急，花草们依旧按照自己的节奏，生生不息、意趣盎然。

一花一世界，

一木一浮生。

一草一天堂，

一叶一如来。

一砂一极乐，

一方一净土。

一笑一尘缘，

一念一清静。

人才知了

从"冒险精神"解读石俊峰的创业基因

我们身边，总有人安分守己、循规蹈矩，有人却勇往直前、铤而走险。

现代心理学家认为有五大因素影响人的性格。德国心理学家伯格哈特·安德烈斯宣布他发现了影响人性格的第六大因素"冒险精神"（Spirit of Adventure），或者称之为"勇气"。

冒险精神并不等于莽撞。前者的行动有明确的目的性，清楚地知道自己在做什么，并且愿意承担责任。为了达到目标，勇于承担风险。在经历了两次高考落榜之后，对于第三次高考石俊峰并没有退缩或委曲求全，他甘愿冒着落榜的风险而只填报了心目中唯一的名校，没有给自己留下任何退路。

竞争使他感到兴奋，面对残酷的竞争，他毫无惧色。这种性格的人总在问自己这样一个问题："我是否已做好准备，在充满危机与挑战的情况下承担领导责任？"

与前面提到的"外向型"人不同的是，这类具有冒险精神的人更倾向于独自面对严峻形势的挑战，并且为了达到最终的目标，能够承受重大的挫折和打击。正是这些特质使他们成为人们心目中的领袖和领导者，他们能在逆境中给人强大激励。毕业答辩时，俊峰在短短两个月之内，对一个题目、同一份论文，中外双方的导师却予以完全不同的评价。俊峰将不光彩的"贴地"毕业作为日后进步的动力，最终其案例入选世界顶级大学MIT的MBA

教材。

　　冒险精神性格因素的发现是心理学研究的重要成果，因为这一发现向人们揭示出一个完整的心理平衡系统。具有冒险精神这种性格特征的人在现实生活中究竟表现为百折不挠、坚忍不拔，抑或是为了达到自己的目的而不择手段、冷酷无情，则要取决于它的对立特征"对他人的关爱"。也就是说，对一个人的性格形成起作用的还有其他诸多因素，如：教育的影响、天赋、所处文化环境，等等。

　　人的性格特征大约有一半是由遗传基因先天决定的；而另一半则是后天学来的，即从父母、老师、偶像、电视和自己的生活中学习。具有"冒险精神"的人对任何危险的事物都不会感到恐惧，即使偶尔有，他们最终也能战胜这种心理，重新投入奋斗。他们不会因为担心对肉体和生命的威胁放弃追求，而是会接受挑战，充满信心地迎着危险和困难勇往直前。

　　冒险精神是非常特殊的而且对人的整体性格有广泛而深刻影响的一个特征。同样是具有冒险精神的人既可以是乐于交际、平易近人的，也可能是独来独往的。

　　对于创业者而言，成长是一场不断面对恐惧的冒险。

穆裔坤

好奇心：戎马丹心的征程
——任重道远的"鹦鹉螺云教室"

穆裔坤， 男，1984年出生，从小对航空航天感兴趣，2003年考入西安交通大学信息与通信工程专业。毕业后入伍成为一名军人从事航天方面的工作，在神舟七号发射任务中立下三等功。退伍之后的穆裔坤决定重新投身互联网，创造属于自己的产品，加入腾讯公司担任产品经理。2014年年底，他加入几位好朋友的创业团队，创办了鹦鹉螺云教室，开始了创业之路，在短短一年时间里，公司产品已覆盖全国23个省市、近50多家教育机构，并获得200万元天使和1000万元的A轮投资。

长颈鹿、海燕、犀牛与犀鸟、鹦鹉螺，这四种形象分别代表腾讯的四种价值观。

鹦鹉螺出生时不会上浮，在生长过程中螺仓逐渐变多，成年的鹦鹉螺便可利用对螺仓充气的方式浮出海面，象征着"创新"。

鹦鹉螺具卷曲的珍珠似外壳，鹦鹉螺外壳切面所呈现优美的螺线。鹦鹉螺的螺旋中暗含了斐波拉契数列，斐波拉契数列的两项间比值无限接近黄金分割数。

一只浅褐色的鹦鹉螺傲然摆放在穆裔坤的办公室里，烘托出主人对二、三、四、五线城市中长大的所有小孩的成长期许。

不达目的誓不罢休的天蝎男孩

有人说绵阳是三四线城市，也有人说绵阳是五线城市。在这个小城市里寂寞地长大，裔坤的整个青少年时期都痴迷地守候着那台珍惜无比的台式机。

裔坤的妈妈在银行工作，爸爸是司机，上面还有个姐姐。父母没受过什么高等教育，也无暇予以裔坤更多的关注。裔坤跟大多小城市的孩子一样，每天放学就肆意地玩，只要不是太出圈的事情，父母也不会过问。

初二的时候，裔坤第一次在同学家里见到计算机这个神奇的东西。这简单就是通往大千世界的魔法宝盒，从见到它的第一刻起，这个笨重的大家伙就牢牢抓住了裔坤的心，让他日思夜想、梦寐以求。

哀求了父母很多次都没用。爸妈的想法相当的质朴，一是这玩意起码要9000多块钱，这在20世纪90年代对于一个需要供养两个孩子的小职员家庭太过于奢侈；二是这东西与学习无关，父母也难以理解到屏幕后面的世界对于一个中学生究竟有什么必要。

几乎整整一年过去了，这份心愿迟迟没有盼头，裔坤开始用逃学来表达愤怒与失望。妈妈跟他签订了军令状，只要能够考到班里前三名，就可以满足裔坤的心愿。

裔坤的心里突然有了十头牛的蛮力气，为了他的"梦中情人"，他什么都愿意做。在这个普普通通的学校里，这个成绩平平的孩子为了他的小心愿突然开始奋发图强，把悬梁刺股、凿壁偷光的玩命劲头全拿出来了，最终皆大欢喜，如愿捧得美人归。

这台花了9000多块钱买配件自己攒出来的台式机，完全迷住了少年的心，成了裔坤的心头肉。那个年代还是用电话线拨号上网，Internet打开了通往世界的大门。

3536子弟学校，一个四线城市名不见经传的普通中学，这里离神秘莫测的大千世界太遥不可及了。裔坤把天蝎男狠辣的手段全部使出，高考时所有的志愿都报为计算机专业，2003年如愿以偿地成为一名国防生，来到西安交通大学就读信息与通信工程专业。

第一次的亲密接触

天蝎男挖空心思想琢磨点什么时，总是能够得到令人意想不到的结果。

老师上课时都是自带U盘，拷在电教设备中给学生播放。老师们都不愿意把课件留给学生，避免大家偷懒或干脆连上课都不来。裔坤自己开发了个小程序，当U盘插入时系统会自动把课件copy下来，神不知鬼不觉，然后再把课件排版打印出来卖给同学。

没事就上BBS担任个版主啊，在各种网络上灌灌水啊什么的，都是小打小闹的事情。2004年微软发起了一个项目，鼓励学生使用微软的技术开发作品。裔坤本身是冲着诱人的奖金去的，和另外一个同学一起组队报名参赛，开发了一个工作协同的程序，居然获得了项目里最高的金奖奖金。喜滋滋地和队友一起到北京西格玛大厦来领奖，给他们颁奖的是如今微软的知名高管，这事也让他们欣喜了很久。

"神舟七号"的三等功勋

当你把中国地图横纵画出一个十字的时候，位于十字交点的位置正好是陕西渭南市。这里是雷达仰角最大的地方，也是"神舟七号"任务的测控基地之一。

从中尉的一杠两星到上尉的一杠三星，裔坤在这里渡过了整整4年的军旅生涯。部队就像一台精密的大机器，每一个零部件都必须绝对精确，才能保证这台大设备的有效运转。美国"挑战者"号由于密封垫圈的失误而导致升空失败的惨剧，让人们知道一个普普通通却又无处不在的道理：任何一个细微的正确不足以导致组织的成功，但任何一个细小的错误却足以导致组织的失败。

作为一名测控中心的组织干事，确保基地的安全稳定是裔坤的基本职责，更是责任巨大的政治任务。这就要求所有参与神七的科研人员共同做到两点：一是高度重视，二是全情投入。

裔坤开始梳理与发射有关的所有细节。对于卫星发射来说，轨道的变轨具有非常高的要求，这要求所有细节都绝对不能产生半点差池。每次当有领导视察、记者采访、业务交流等活动安排时，除了把各种材料都一丝不苟检查上好多次以外，裔坤制定了以分钟为单位的安排流程。

通常，以半小时为单位的会议流程是非常常见的。但在这种非常特殊的时机和高度保密的环境中，一切都需要更加精确。裔坤在单位中的各条行走路线中反反复复走了无数遍，力求所有的环节都能够精确到分钟。从各种细节中自己高度重视，还需要带动所有的伙伴共同高度重视，才能齐心协力保障发射成功。

2008年9月25日21时10分，神舟七号载人飞船发射成功。这场震撼全世界的发射活动中，裔坤很清楚自己只是一个非常微不足道的小人物。为了这个极其复杂的工程顺利进行，他尽心尽力地在每一个细节上追求完美。

"为什么寒门学子离一线名校越来越远？"

退伍之后的裔坤加入了腾讯，成为手机QQ浏览器的产品经理。1年之后，被选拔为腾讯"潜龙计划"一员，成为重点培训对象。亲眼见识了具有上亿用户量的产品应当如何实现，在大组织里沉下来好几年以后，裔坤发现自己心里一直痒痒的，总想自己实现点什么。

想在互联网行业创业，裔坤觉得有三个机会可以选择。

一是泛电商，日常生活消费中有很多可以结合的地方，但总是没想好该从哪个具体的机会入手。

二是互联网教育，中小学教育本身是并没有产生多少变化的刚需，互联网与传统教育产业相结合，可以基于信息进行价值和服务的传递。

三是互联网金融，不过自己并不懂理财，所以也不知道该跟什么传统产业对接。

为什么寒门学子离名校越来越远？是否凸显出身决定命运？拿自己的经历来说，裔坤生长在绵阳这个教育资源并不充分的小城市，曾经一度认为在网络中看到的那个神奇的大千世界是多么遥不可及。一线城市如火如荼地进行着各种教育改革，什么素质教育、快乐教育，但不管大城市搞得多么热闹，这些三四五线小城市的教育依旧保留着二三十年之前的古老模样。

瞄准这个想法，第一步是要理解这个行业。裔坤来到北京，应聘到教育培训机构"学而思"和"智康"的总部，美国上市公司好未来集团。那年裔坤刚好30岁。好未来当时正在进行教育公司向互联网转型的过程，把在线教育这块业务进行内部孵化，进行模式创新的尝试。

裔坤用一年多的时间基本上把行业门道看明白了，然后和几位伙伴一起开始了他的创业之路。这几位伙伴全部生长于四五线城市甚至更小的乡镇，但他们都通过自己的努力考上了清华和人大这样一流的大学。这些寒门苦读出来的孩子到了北京后万分惊讶地发现，北京那些价格不菲的课外培训班里拥有如此优秀的老师，他们能够把枯燥的古文用优美的故事传递到孩子的心里，也能够把深奥的数学模型用鲜活的语言绘声绘色地表达出来。这与他们从小在小城市接触到的教育资源简直是天壤之别。

致力于"推动教育资源公平共享"，几个由腾讯出来的小伙伴带着腾讯的鹦鹉螺的创新精神和黄金分割的美感，一起创办了鹦鹉螺云教室。一年内，鹦鹉螺已经完成了来自中欧国际工商学院的200万元天使轮融资以及由厚持资本投资1000万元人民币的A轮融资。

中小学生接受线下教育是沉浸式学习，有不同的心智模型、社交氛围和整体的线下服务，这些场景是纯线上教育无法替代的。因此鹦鹉螺的云教室对于学习场景上有比较高的要求，他们选择和全国的二三四线城市的教育机构合作，把教师资源和相应的教学技术开放给教育培训机构。这些教育机构为学生们提供线下教室场所，通过这种方式解决教学场景上的问题。

寒门、腾讯、创业，这三个关键词是四个小伙伴共同的标签。比起短期支教，然后在朋友圈发发照片去诏告天下的行为相比，他们要做的事情是要为长期的拉平教育资源而努力的事业。只有联合中国几十万家中小型的教育机构，将一线优质的师资向三四线城市进行输送，才能从机制上持续地解决问题。

用科技的力量改变穷乡僻壤小城市孩子的命运，也改变着他们自己的命运。这个使命在裔坤的心里，甚至比参与神七的发射更令人感到自豪。

人不是后悔做过什么，而是后悔没做过什么

马云说过一句话："人不是后悔做过什么，而是后悔没做过什么！"

在雾霾浓重的日子里，裔坤自己动手做了一台空气净化器。一是节省费用，从供应商那里买来净化器核心的零部件FFU风机自己组装，只花成品一个零头的价格，就能够放心地让所有的小伙伴用上最靠谱的产品。二是光抱怨环境罪恶也无济于事，不如自己动手做点什么，哪怕没做成也不至于干等着天上掉馅饼。这台敦敦实实的大号设备乖巧地蹲在办公室的一角，忠诚地为小主人们开足马力效劳着。

贫富差距的扩大让阶层之间没有通道可以转换，折射出在底层一开始获取的资源就不平等。创业成功和嫁入豪门一样，可能只有千分之一的机会。努力地做点什么，永远比苦苦地等着什么而更能够有驾驭感。

创业初期，团队伙伴们经常用南泥湾的革命精神来鼓舞小伙伴们。第一个校区开业那天，大家买了两挂一万响的鞭来放。放完了之后，过来一个大妈拿一个扫帚跟他们说："我给你扫了，十块钱"。大家想了想，心疼那宝贵的十块钱，然后找大妈把扫帚借过来，自己把它扫了。

他们现在的办公室里横七竖八地摆着几张行军床，大家累了就小憩片刻，这已经是很舒适的待遇了。创业之初去小城市谈合作时舍不得住酒店，几个人就在教室里面自己打地铺，买了两张120块钱的劣质床垫，白天把它搬到地下室，晚上从地下室搬出来往教室地上一铺就可以席地而眠。创业刚开

始的时候大家没有工资，后来将近三年时间每个月也才仅仅两千块钱工资。

几年军旅生涯带给裔坤的不仅仅是自信，还有仰望星空和脚踏实地的作风。对于"少年强则中国强"这个全体中国人的梦想，裔坤和他的小伙伴们传递的不仅仅是知识，更重要的是帮助这些孩子们从内心建立一种自信。

戎马生涯，半壁山河

31岁，说大不大、说小也不小的年纪。曾经一身戎装，跑遍半壁山河。没有干不成的事情，只有做不成事的人。鹦鹉螺云教室，希望自己能够"deliver the power of wisdom"——成为未来全世界传递智慧力量的使者。

军歌的力量，就是鹦鹉螺的力量！

披上一身戎装，告别绿柳花红，
涂上一脸的迷彩，踏上一条峥嵘，
砸碎了柔弱，肩起悲伤与光荣，
苦虐的浪漫，让青春炫舞跃动！

不畏惧闪电才能享受雷鸣，
不畏惧高寒才能冲上云霄，
不畏惧闪电才能享受雷鸣，
不畏惧烈焰才能浴火从容！

人才知了

从"好奇心"解读穆裔坤的创业基因

中国宽带资本基金董事长、联想集团独立非执行董事、美国哈佛商学院顾问委员会委员田溯宁说：好奇心是企业家创造力的源泉。

"好奇心"（Curiosity），是指与惊奇情绪相联系的、由新奇刺激所引起的一种朝向、注视、接近、探索的心理状态。

好奇心是创造性人才的重要特征，已是不争的事实。爱因斯坦认为，他之所以取得成功，原因在于他具有狂热的好奇心。人类最初的好奇心来自于婴儿的探究反射。观察发现，婴儿一旦发现新奇事物，就会用手触摸，用舌头品尝。到了幼儿期，好奇心更加强烈和明显，他们通过感官、动作、语言来表达自己对周围世界的好奇，这种好奇最初是情景性的，如果受到鼓励与强化，就会变成认知与情感的结合。

好奇心是需要保护的，也许所有的孩子都有好奇心，但好奇心能否保持到成年，在很大程度上依赖于早期生活受到的鼓励。

儿童好奇心很强，这也许与他们知识经验缺乏有关。在他们看来，周围环境中的许多事物都是新奇的，很多都出乎他们的预期，他们想要观察、探索、询问、操作或摆弄这些事物。这些都是好奇心的外在行为表现。

穆裔坤儿时对电脑产生了强烈的好奇心，家长的支持和引导使他通过自己的努力得到这个梦寐以求的"大玩具"。对于好奇行为的鼓励与支持，就会逐渐内化为人格特征。Internet打开了他通往新奇世界的大门，同时他不断地探索和尝试接触新鲜事物，在成年之后依然保持着一颗孩童般的好奇心。

　　穆裔坤能够时刻保持着对陌生事物的关注。在部队工作期间，尽管组织规则已经非常详细，他依旧努力去挖掘，找到可以提升的细节。为了能够快速获取与创业有关的资讯与经验，他离开腾讯之后，首先以学习的姿态加入教育集团，快速积累能力和经验。在忙碌的创业同时，他发现空气净化器是个暴利的行业，于是自己动手组装了一台DIY的设备。

　　好奇心也是个体学习的内在动机之一，良好的学习动机能够激发人的求知欲与上进心。我们常常感叹，新生的婴儿差别很小，成年之后却大相径庭。成年之后，有些人喜欢在已知的范围内，依靠先前的经验解决问题，有章可循的方式会令他们有安全感；有些人喜欢在未知的领域里，用新方法解决老问题，这种创新和变化会令他们有成就感。

　　如果我们能够持续保持着一颗好奇心，除了关心与自己密切相关的事物以外，对陌生的领域，甚至与自己毫无关联的领域也能够保持关注和探索，这种人格特质会令我们的视野更加开阔、拥有更多选择和更加丰富的人生。

张海滨

元认知：粉墨人生，多少心酸多少感叹
——实现携程无法实现的"商旅云平台"

张海滨， 男，1980年出生，毕业于复旦大学旅游管理专业硕士，觅优信息技术（上海）有限公司创始人兼CEO。曾就职于携程旅行网担任OTA（在线旅游社）版块的销售经理、项目经理，完成了携程销售由发卡到无卡的转型；后担任TMC（商旅管理公司）版块中小企业商旅业务运营兼销售负责人等职。2012年年底离开服务七年之久的携程旅行网，2013年创立觅优信息技术（上海）有限公司，以成为"TMC行业最杰出的集成化解决方案提供商"为使命，开发了觅优商旅云平台。2015年9月份，"觅优商旅云平台"获得数千万元人民币A轮融资。

有一次，张海滨出差的时候接到原就职公司携程老同事的电话。对方问："你住哪啊，我过去找你聊聊。"海滨发现对方其实就住在与自己同一条街上的四星级酒店里，他赶紧回答："不用不用，我过去找你。"

世界上最遥远的距离，是从四星级酒店到距离800米的地下室。

一旦离开了公司，你没有酒店积分，没有航空里程，不再是酒店白金会员，每顿饭掏的都是自己的钱。在这里你待得越久，越发现离开的成本越高。

祸不单行，勇往直前

老爹曾经是长白山的伐木工人。这地方冬天贼冷，雪老厚老厚的。山脚下的小村子只有七户人家，全家都巴望着能早点搬出去，离开这个冻死人的鬼地方。

张海滨上边有一个姐姐两个哥哥，这让他非常幸福也非常不幸。幸福是因为在外边几乎没有人敢招惹他，否则一定会受到两个哥哥的报复；但不幸的也恰恰是这一点，在家里要经常受到两个哥哥的摧残与蹂躏。在多子女的大家庭中，海滨开始悄悄观察着扬长避短的为人处事之道，如何远交近攻合纵连横。加上从小学习成绩还不错，童年的幸福生活就在这种"打打杀杀、刀光剑影"中愉快地度过了。

噩运随后接二连三地造访这个无辜的家庭，先是家庭生意失败，导致苦心经营多年的家庭根基基本消耗殆尽，随后姐姐的突然离世更加剧了家族悲剧化的进程；原本殷实富足的六口之家在一连串意外事件的打击下，可以说是到了妻离子散、家破人亡的境地。

这个年纪的海滨还没有能力与命运进行反抗。他时时感到无力，却又心有不甘。

最大的打击来于妈妈的去世，少年丧母之痛让海滨感到猝不及防。尽管如愿拿到了大学录取通知书，没脱离丧母之痛的他又开始为学费焦虑不安。

别人考上大学很开心，而海滨考上大学却愁眉苦脸，录取通知书上高昂的学费是这个家庭不能承受之重。6060元的学费，一个非常吉利的数字，但即使倾尽全家所有也只是杯水车薪，根本无法解决这个问题。家里东挪西凑了三百元作为整个大学期间的所有开销，海滨带上了家里准备的锅碗瓢盆和三百元踏上了从东北吉林到西南四川的求学生涯。在火车站遇到了一位大哥，他得知了情况后把身上仅有的几十元钱一分没留地全都塞到了海滨手里，就这样，只身来到了他梦寐以求的地方——成都理工大学。

别人报到都是前呼后拥、交钱注册这些正规流程，而对海滨来说最为犯愁的事情还没有解决——学费。而如果学费问题无法解决，就只能选择带着行李离开学校，在这个城市的某个工地里找一份工作，但至少来到了自己辛辛苦苦考上的大学里走了一遭，也算不枉此生了。在学校老师的支持下，一毛钱没交的情况下，海滨顺利完成了报到及注册然后再申请助学贷款，得知可以入学的那一瞬间，海滨真真长出了一口气！

扶摇直上，小痴大黠

毕业之后，海滨入职携程重庆分公司，作为销售培训经理储备干部的角色，戴上了管理培训生的胸章。

为做好销售培训工作，海滨主动请战一线实习三个月，一战成名地先后创下各项销售记录，并将实习心得作为范文进行部门发放，在随后的工作当中因为表现优异，先后获得晋升及携程卓越金奖荣誉，并在2007年初调至总部，负责携程销售部门从发卡向无卡转型的战略项目。

随着项目的顺利完成，收获了鲜花与掌声的同时，也带来海滨内心的膨胀，希望能够有机会快速晋升，一旦这个愿望被搁浅之后，内心的烦躁带来的是冲动及对冲动的惩罚，远赴沈阳的一年轮岗，虽然收获了业绩上的闪亮，但也同样失去了重要渠道的把控，所幸老领导足够支持与念旧，灰溜溜地回到了上海原部门，蛰伏了两年后，终于迎来了在携程的第二春——携程中小企业商旅业务部的组建，作为最早期的筹备者，海滨全程见证了小商旅的前世今生。

在成长和成功的道路上，有人拼勤奋、有人拼天资、有人拼家境，还有人拼机遇。海滨在这几样东西里，要说勤奋有那么一点点，但比起诸多的优秀同事来说，也并不值得一提。要说天资算是差的了，棍棒之下打到一个二本的大学，根本没有什么拿得出的天资。要说家境就别提了，整个大学期间，上课是辅业，勤工俭学养活自己才是主业。机遇这东西是可遇而不可求的，迄今为止，海滨的人生中，除了女朋友以外，还没有任何事情可以用"幸运"两个字来形容。

在面对一个任务时，海滨喜欢把过程形象化地投射在一个假想的"屏幕"上，就像是在"心理剧场"看到一幕幕的发生和演变。包括自己在内的戏中之人每一个都栩栩如生、活灵活现，每个人有自己的诉求，不同的解决方案会推导出不同的结局。当这种思考方式渐渐地内化成为自己的思维策略时，我们就越擅长"对思维进行思考"，越能顺应改变，越能找对朝向幸福生活的方向。

今夜请将我遗忘

从携程的CEO（首席执行官）范总的办公室出来之前，海滨特意叫总经理秘书给他俩来了张合影。海滨关上这扇门，从此告别了七年零一个月的职业生涯。

2012年海滨正式转入携程商旅部门。终于有机会可以驾驭一块崭新的业务，这个渴望已久的机遇令海滨相当激动。这块业务在国内尚属空白，海滨拿出浑身的解数，身兼数职，乐此不疲地全情投入。制定流程、招聘人员、推进项目、整合资源，跨部门的沟通与协作方面也进展顺利。眼看这块业务就像自己精心调教的孩子，一点一点有了模样。

就在这时，新的CEO到任，带领携程进行了大规模的战略调整。砍掉了所有不是必需的线下人工业务，将更多资源转入到网络推广上，主攻在线交易。商旅部门和电话销售部等几个相对基于人工的销售渠道得到关闭的指令，海滨觉得心如刀割。

照理说，他这样的老臣完全可以随便再选择一个他想去的岗位，哪个部门都欢迎他这样有七年司龄的成熟骨干。可是海滨偏偏就是想把这块业务做下去，再没有什么其他岗位能够像这块业务一样让他魂牵梦萦，深深地勾着他的心。

不能坐以待毙，必须主动争取，海滨首先去找各位副总裁逐个沟通。对于海滨的分析判断，VP（副总裁）们大多持支持态度，觉得可以找机会与CEO沟通探讨，尝试保留这块业务。

海滨制定了详细的分析报告，他建议公司将商旅业务进行战略级培养，并立下他个人的军令状：只需要十个人、半年时间，若是达不到业绩目标，张海滨引咎辞职，不要公司分文补偿。

带着VP们的支持，海滨郑重地推开了CEO办公室的门。战略就是战略，不可能因为一个老臣的意志而随意发生转移。在总经理婉拒的一刹那，海滨便用自己的手机拍下了那张历史性的合影，2012年12月3日，在这里工作了整整85个月后，海滨头也不回地离开了携程。

海滨在自己的博文《携程小商旅，今夜请将我遗忘》中写下了这样一句话："携程小商旅自2011年6月高调上线，到2012年11月黯然离场，再到今年9月的销声匿迹，我是少有的全程见证人之一，在这个时代结束的时候，如果我不来讲两句，那么，这也许将作为一段往事被尘封。"

我可以失败，但不能留下遗憾。

债台高筑的裸辞高管

裸辞是什么滋味？高管的裸辞又是什么滋味？放弃股票期权的高管裸辞又是什么滋味？

2012年12月3日离职，离职之前，海滨是携程最后一期可以获得期权的高管。携程的工资收入中规中矩，管理人员主要的收益来自于期权。27天以后，在2012年12月31日这一天，海滨把他手里的期权以19.5美元的价格全部"贱卖"掉。如今携程股权的价格已达100多美元，如果能挺到今天，至少能够减少上百万元的财务损失。可是海滨没有时间等了，他需要拿着卖掉期权的二三十万块钱，去圆那个魂牵梦萦的小商旅之梦。

前期的筹备期一个关键字：找。找名字、找合伙人、找场地、找钱、找人……每天就在找找找中不断流逝，觅优也在找找找中诞生。

终于，在2013年3月7日，海滨和CTO（首席技术官）俞健拎包入驻了杨浦控江创业园，创业开始之后的关键字就一个，愁：愁钱、愁人、愁商业模式、愁设备……所幸政府比较扶持，提供了一个免费的办公场地。虽然简陋，但对一个初创公司来说绝对是雪中送炭了。

2013年3月7日，在海滨离职之后的第三个月，觅优商旅网正式启动了。在第一笔资金到位之前，海滨头一次尝到了比家徒四壁举债求学更加潦倒的滋味。

自己那二三十万元资金两三个月就早已分文不剩了，然而这类的项目前期需要庞大的资金投入，很难在短期内实现获利。自己的钱早没了，项目参加竞赛的奖金和贷款也全部用光，把自家的房子抵押给银行借到的100万也用完了，周围的朋友能帮上忙的也都借遍了，在弹尽粮绝的时候，海滨把自己所有的信用卡都刷爆了。

不管如何艰难，海滨一定保证每月10号按时给员工发工资，自己和合伙人不发。给员工按时发工资这件事，就像给自己的孩子喂奶一样，无论大人有多苦多累，也绝不委屈着孩子少吃一口。

几乎到了走投无路的地步，老婆的一句话更是让海滨羞愧难言。有天回家后，老婆冲着海滨耳边大吼了一句："你都几个月没往家拿钱了啊！"一家三口在上海生活，老婆不过是一个小小的程序员，家里的衣食住行还有年幼的女儿，再加上房贷的压力，她一个人默默地支撑了很久！当年老婆故意报考了离海滨近的大学，从高中到现在的十几年里，老婆能做的都做到了。她从来没有要求过回报，她也不贪图什么荣华富贵，只要一家三口过着普普通通的小日子，就已经足够幸福了。创业之后，家里的日子越发捉襟见肘，连女儿的小衣服都是向亲友们要来的旧的给孩子穿。现在，家里的生活已经难以维持了。

到了2014年8月份，饱受煎熬的海滨足足坚持了18个月，在第一笔融资到位之前的那几个月，债台高筑的海滨已经山穷水尽。

理想很丰满，现实很骨感。创业，这个时髦词语的背后经历了无数个不眠夜的痛苦和煎熬，其中有商业模式探索的讨论、有骨干员工离职前的劝慰、有资金链断裂前的抵押家产、有产品方案讨论中的争吵和冲突、有生活质量急剧下降后对家人的愧疚与歉意，种种过往，相信也只有经历过的人才能体会其中甘苦。

搭台唱戏，筑巢引凤

中国有几千万个中小企业，差旅市场一个分散的长尾市场，各地分布着数以万计的机票代理商、旅行社、商旅公司等等供应商。海滨并不打算在这块市场中瓜分一杯羹，他想实现的价值依旧是在携程商旅部门所畅想的愿景：改造传统行业，用商旅管理的理念取代传统代理人思维。

想做这件事情，就需要和时间赛跑。以携程为代表的垄断型企业，在战略扩张的进程中把众多的在线旅游企业收归旗下。个人业务做得如火如荼，B2C市场格局已经定型，然而对企业级的服务却非常落后。各家公司都聚集在自家产品的销售和服务上，没办法站在用户的角度换位思考。

中国商旅市场将在2016年超越美国，成为全球商旅支出最多的国家。但是中国目前的商旅管理还有很多空白，90%的企业仅通过使用中小旅行社来进行最简单的商旅预定。

随着代理费零佣金时代的来临，为企业垫资的重负、互联网技术的巨大投入，全产品线的难以整合等种种现实壁垒又让中小代理在企业差旅管理的道路上举步维艰。看似美好的大蛋糕，却不知从何下口。

离职的时候，一声"情怀"就可以割舍下七年的职业生涯。创业以后，"情怀"二字就成了虚无的心结，既不能实实在在，也无法像技术那样真真切切。

中国企业的出行分两种模式，一种是商旅散客出行，即员工自行出行预订，然后回到公司后再走报销流程；另一种是公司统一进行管理，交给商旅公司、旅行社、机票代理人等进行安排。第一种形式是主流，但面临着出行信息不透明、成本管理不合规、管理流程不专业等痛点；第二种主要以旅行社、机票代理人为主要服务提供商，他们存在没有系统、产品单一、资金匮乏、服务标准不统一等多种痛点，而专业的商旅管理公司作为一种舶来品，目前对中国的企业来说还是一种奢侈品，并没有被广大中国企业所接受。觅优认为，企业商旅管理最终一定会作为一种日用品成为企业管理的标配，而企业商旅管理又有极强的属地化、个性化、专业化的特点，是一个典型的供给方驱动的市场，所以，作为服务提供者的商旅管理公司就成为破局的关键。

觅优要做的，就是协助这些旅行社、机票代理人向专业商旅管理公司转型的过程，为他们提供一套综合的解决方案。觅优通过为商旅公司提供集系统、产品库、资金、运营于一体的综合解决方案，以提高中国企业商旅管理水平为使命，已经吹响商旅行业变革、产业升级、消费升级的号角。

海滨的构想是通过互联网和金融来改造行业的传统思维方式。他是这出好戏搭台的总导演，唱戏的依旧是用户和代理商。搭台这件事情，是觅优商旅通过平台化的四大解决方案来实现的，唱戏这件事情，角儿还是原来的角儿，有了更好的舞台、更多的观众、更出彩的大腕，大家只会比原来更精彩。

2014年8月份，第一笔900万元的资金终于在望眼欲穿的期盼中安全到位。天使轮融资的投资方为国际顶级投资机构纪源资本GGV。

2015年9月份，"觅优商旅云平台"获得数千万元人民币A轮融资，本轮融资由东方富海、博润投资、盈动投资共同完成，左驭资本担任本次交易的独家财务顾问。

没有人会永远创业，"创业者"这三个字迟早要变成"企业家"，这才是创业的归宿。海滨对自己有个要求：不能成为一个只为逐利的商人。海滨发起组织不以营利为目的的"觅优商旅俱乐部"活动，每三周举办一期商旅沙龙，主讲嘉宾涵盖了学界、业界精英，主题涉及了机票、酒店、金融支付、租车和定制旅游等多个维度。沙龙包括多个特色环节，包括赞助商交流、嘉宾演讲、问答互动等。同时，沙龙实现了线上互动的俱乐部社交群，话题广泛，成为商旅同行重要的交际平台。

经过近三年的发展，海滨的办公室已经搬到了宽敞明亮的创业园，员工团队达到100多人的规模，并已开通上海、北京、深圳、成都、天津、重庆办事处，已上线的觅优商旅云平台已经协助行业内众多机票代理人成功转型为专业的商旅管理公司。

天空海阔，无须粉墨

大姐比海滨大七岁。长姐如母，大姐常常温柔地呵护着最小的弟弟，只可惜这样的好时光过于短暂。大哥的生活自顾不暇，二哥跟自己只差两岁，生长在这个资源匮乏、子女众多的家庭里，必须从小学会与人的相处之道。

海滨却从来没有过"累觉不爱"的"屌丝"感觉。人生就像一部开头和结尾谁都一样的电视剧，无非是赤条条地来、最后干干净净地离开。掐头去尾中间那些集，各有各的心事、各有各的故事。与其当作戏中人顾影自怜，还不如自力更生，权当生活是一部励志大片。

如果不是因为携程战略调整，海滨从来没有考虑过离职。离开携程也并非赌气，是因为舞台不合适，无法在别人的戏里唱出自己的故事，那就干脆自导自演，唱出自己的精彩。

快乐的方式不止一种，

最荣幸是，谁都是造物者的光荣。

不用闪躲，为我喜欢的生活而活，

不用粉墨，就站在光明的角落。

我就是我，是颜色不一样的烟火，

天空海阔，要做最坚强的泡沫。

我喜欢我，让蔷薇开出一种结果，

孤独的沙漠里，一样盛放得赤裸裸。

人才知了

从"元认知"解读张海滨的创业基因

思维顽固，改不了？只因你不懂元认知。

长久以来，认知科学家认为，只有人类才能够完成基本的自我意识任务，比如识别镜子中的自我。后来的事实证明，我们对于其他物种的自我意识水平理解有误。因为不仅黑猩猩和类人猿能够识别镜中的自我，甚至连海豚、大象、猕猴、欧洲猿、喜鹊都能做到这点。

　　而真正只有人类能够完成，其他物种却做不到的是：从自我知觉中脱离出来，审视一种脱离了自我的情景。举个例子，黑猩猩之所以能够识别出镜子中的自己，是因为它注意到，当它指着镜子或拍镜子时，镜子中的影像与自身的动作完全一致。但是，同一只黑猩猩却不能假想出一个镜子之外的心理位置，即它无法在一个脱离当前环境的水平下进行元认知。

　　"元认知"（Metcognition）不同于智商，是对认知的认知。"元"具有顶层和本身的意思，元认知，即我们审视自身思想的能力，它能够帮助人们从令人困扰的问题中抽离出来，以一种旁观者的角度重新审视事件本身，从而让问题迎刃而解。

　　有些人既不聪明，也没有过高的情商或天赋，在人群中就是一个其貌不扬、中规中矩的普通人，但是他们却也能够获得巨大的成功。他们的特点是能够时时保持着"对思维的思考"，能跳出自己来评价自己，就像把自己置身于台下的观众席，清清楚楚地看到台上自己的一举一动，然后做出适当地调整。这种元认知的思维策略，能够让我们的大脑不断反思，形成调整思维、改进思维结果的最有力的内部手段。

　　心理学家弗洛伊德曾经说过："无意识是一口承载了未被察觉情绪的大锅，它即将沸腾。"来源于无意识认知的想法和感情可以渗透到"低级元认知"的空间里，我们开始处理无意识的未知事件，但这些事件却无法投射到心理剧场中。直到大脑的指挥控制中心（前额叶皮层）将它们输送到"高级元认知"的部分，这是我们所谓的"心智模式"。在这里，我们从心理上分离，如灵魂出窍一般去看我们的所思所感。

　　张海滨非常擅于发挥元认识的作用，不断进行自我觉察、自我评价和自我调节。当遭遇接二连三的亲人变故、没钱交学费、携程战略调整、创业债台高筑等等这些危机事件的时候，他并不会为自己贴上"倒霉蛋"的负面标签，而是能够妥善地处理自己的情绪，首先把解决问题放在第一位。他在工作中有意识地训练自己的思维模式，知道如何使用自己的心理资源。

听起来很深奥吗？其实不然，我们对思维过程和所获取的知识进行反思，就是一个使用元认知的过程。就像你驾驶过程中被旁边的车加塞时，本能地想要按喇叭并破口大骂，但最后却因为元认知能力的发挥而停止了这一想法，控制住了这一举动。所以说，元认知是调整思维、改进思维结果最有力的内部手段。

元认知是一种更高级的认知现象，它反映了主体对自己"认知"的认知。元认知是可以在后天通过学习和训练加以提高的。

元认知与一般的能力倾向不同，元认知知识能够弥补一般能力倾向的不足，从而影响问题解决。

PART 4 第四篇
实干　行动力

你既然认准一条路，何必去打探要走多久？

为什么宗庆后42岁才开始蹬三轮卖冰棍？为什么任正非44岁离了婚又被单位开除，还是闲不住？为什么史玉柱一败涂地后还非要自找苦吃？

这些说干就干的企业家，从不迟疑、从不犹豫。在"做"的过程中，所有的艰辛都是行动的激情与乐趣。

应向阳

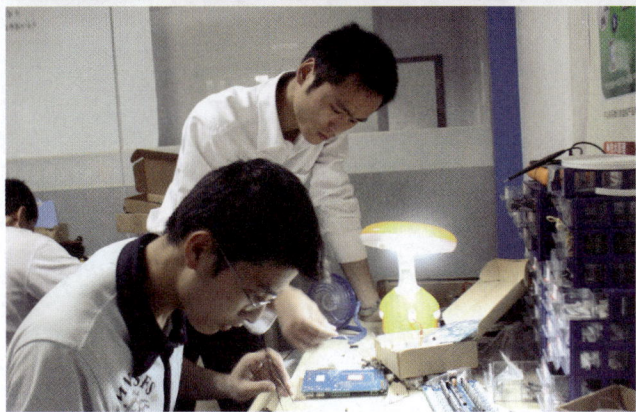

决策力：三年就是三辈子
——锁住时空的柜子

应向阳， 男，1989年出生。福建师范大学教育学院教育技术专业2013届毕业生。从小痴迷科技，喜欢动手实验，佩服马云、周鸿祎这样连续创业、敢于颠覆传统模式的企业家。2012年9月，还在读大三的他和几名同学一起出资创办了福州友宝电子科技公司，开发"邮宝智能快递终端"系统从而入选福布斯2013年"中国30位30岁以下创业者"榜单，一夜之间成为创业明星，并且吸引了一位天使投资人的关注，获得280万元的融资。如今，"邮宝"已发展到北京、上海等20多个城市1000多个网点，用户覆盖近80万人，日处理快递数约30000件。

创业没多久，厚着脸皮跟家里借来的钱被骗了，给了股份的骨干员工跑了，好不容易谈好的工厂放鸽子了；最悲剧的是突然杀出几个投资上亿的竞争对手，毫不留情地给应向阳来了个措手不及的下马威。

问题已经不可避免地出现了。同样的问题，每个人的反应却是截然不同的。有人浅尝辄止，有人一拼到底。

蠢蠢欲动

父母在批发市场里租了个门面，十来岁的应向阳经常帮着父母理货、记账。向阳的动手能力特别强，帮父母整理完各种调料的瓶瓶罐罐之后，还用皲裂的小手去做各种小东西。先是家里能拆装的东西都重新组装了一遍，又买了小电机做了小电扇。有天突发奇想地用蓄电池、继电器等电子器件做了个启动后能够加速运动的大转盘，喜滋滋地把它带到学校，这玩意就成了全班同学都喜欢的电子抽奖箱。

高考后被福建师范大学的教育技术专业录取，这个一本的录取结果已经让开调味品批发店的父母乐开了花。高考的那年暑假，向阳只做了两件事情：一是在淘宝上买了零配件，自己动手照着教学视频做了几十台遥控直升飞机，跑到大雁塔下卖了两万多块钱，赚到了六七千块钱的纯利润；二是认真地把他小时候最爱看的《十万个为什么》和《马云传记》重新看了一遍，他可丝毫没有当老师的打算，创业才是他人生的长期目标。

从上大学的第一天开始，当下所有的行动都与未来的创业选择密不可分。这是向阳为自己设定的事业生涯。入学以后，向阳赶紧选修了财务管理作为第二专业，在这个资本运作马不停蹄的时代，学点财务知识是必需的。

想创业，必须先拥有两样东西：一是自主创新的产品，二是志同道合的伙伴。

有天，有个同学的钱包被偷了，一个月的生活费没了着落，同学咬牙切齿地痛骂着，恨不得撕碎了可恶盗贼。向阳突然有了灵感，他动手设计了一个蓝牙防盗器，可以嵌入到钱包、U盘等内部；当钱包超出十米的范围内时，手机端会有震动提示。产品的延伸应用还可以作为老年人的可穿戴设备，嵌入在老人的皮带或拐杖中，如果老人摔倒或发生意外时，传感器会连接到手机，自动拨打预存的亲属电话，并发送预警短信。

这个小发明获得了"挑战杯"大学生创业计划竞赛的二等奖，并获得了专利许可。问题是这款设备是在塞班平台上开发的，系统很快就落寞了，傍错了平台，只得激流隐退。

一番尝试下来，向阳发现创业跟交友的原理是一样的：一是你得主动去寻找、去搭讪、去竞争；二是在相处过程中遇到各种问题，最后发现走不到一块儿去，这也是很正常的。最关键的是，在这个过程中要明确自己想要什么。

初尝浅试

老师在台上讲得正high。向阳的手机上显示有一个号码已经来电3次了，他只得把头埋在课桌里，压低了声音快快接起，原来是快递小哥打来的，声音有点不耐烦。没过几分钟，邻座的女生也捏着嗓子悄悄地接了个电话，老师开始面露愠色，朝着他们的方向狠狠地瞪了几眼。

好不容易等到下课，大大方方地给快递小哥打电话让他送来，可快递小哥却又跑到别的地方去了，明天才能再送一趟。往往快递在一两天之内就能到达最近的分拣站，可是与快递员碰面还需要一两天；不是自己不方便，就是人家无法久等。

最遥远的距离不是最后一公里，而是用户与快递员之间的时空差。如果快递员与用户能够同时拥有一个快递存储柜，那么就再也不用一天到晚惦记着是不是及时签收了，快递小哥的工作效率也能够由于减少了等待的时间而大大提高。想到这个市场契机，向阳兴奋极了。他迅速做出这个重大的战略决策，制定了详细的研发计划，跟几位小伙伴齐头并进推进落实。

这可不是参加个比赛玩一玩的事情，这是向阳郑重的创业决策。从大三到毕业还有一年多的时间，这一年多的时间里，向阳要求自己完成所有初创公司在创始阶段必须要经历的几大磨炼：使命、产品、团队、商业模式。

第一步需要经过详细的市场调研获取一些关键而真实的数据。例如：常见的快递尺寸是多少、一个快递员每天能够收发多少物品、平均用时多少、等待时间是多少、每天的行走距离是多少、集中收发件的时间是什么、出错率怎样等。快递小哥都很忙，他们没有功夫也没有意愿配合向阳坐下来深聊这些话题，而且有些问题快递小哥自己也说不清楚。向阳决定，自己必须亲自体验快递员的工作，才能设计出适合的产品。

向阳和另一个小伙伴，一个去了汇通、一个去了圆通，正儿八经地穿上快递小哥的工作服，迅速进入快递员的角色。在那两个月里，他俩除了上课以外所有的时间都去送快递，而且不拿报酬，免费服务。唯一的条件是老板要在时间上予以他们一定的自由度，同时愿意配合他们完成市场调研。两个小伙伴各自完成了1000件快递的收发之后，他们手里已经有一套详实的行业数据了。

2012年，手握这份用自己的汗水换来的调研数据，再加上4个小伙伴每人软磨硬泡地跟家里借来的几万块钱，大家本以为美好的创业旅程从此拉开了帷幕，谁知后面跟着的是一个又一个血和泪的教训。

如履薄冰

向阳拿着设计好的存储柜图纸，和福州那些代工厂挨家挨户地沟通着。太小的工厂老板听不懂他们要干什么，质量实在让人不放心。大一些的工厂对于选择合作伙伴是有要求的，几个拿着图纸的学生根本入不了他们的眼。

几个星期下来，向阳都在与各式各样的代工厂打交道。终于找到一个中小型的工厂答应按照图纸制作样机，约定好两个月之后取货。向阳这才舒了一口气，赶紧去跑工商注册那些事情。

一个多月过去了，向阳去厂里看看样机做得怎么样了。万万没想到，厂里根本没有动工。当初只是与老板口头约定了一个时间和价格，没有书面的协议。老板的老客户最近来了几个订单，正忙得四脚朝天，根本顾不上搭理这位小朋友。向阳胸中憋闷得要命，眼看这一个多月白白耽误了，老板也不提前知会一声，真不讲诚信！

向阳设想了三个产品投放的方式：一是学校网点，二是小区网点，三是写字楼网点。一开始并不知道哪个网点会接纳他的想法，只得一个一个去谈、去试。向阳自己当快递那两个月，对省交通厅那条街是最熟悉的，那条街上的保安和物业都已经混熟了。向阳认认真真地将合作计划递交到省交通厅的物业公司，他认为这种政府部门由于不允许快递员任意进出，因而一定会存在持续性的刚需。

协议送过去几个星期了，一点动静都没有。每次向阳巴巴地去问，得到的回复都是领导不在，必须过会后才能拍板。有天下午，向阳硬着头皮进入到了省交通厅的物业办公室，当面跟主任不停地念叨着快递存储柜的各种好处，再跟主任东拉西扯地套近乎，才得知方案根本没给领导看过，它还静静地躲在主任的桌子上呢。

向阳垂头丧气走出省交通厅的大门。还没走到公交站，就接到了主任的电话。主任哪有工夫认真看方案，刚才听了向阳的解释才知道这玩意有啥用，就赶紧汇报给了物业公司总经理。总经理觉得这想法不错，马上要和向阳沟通一下。向阳撒腿便往回跑，气喘吁吁地重新回到省交通厅。

领导很开放，很快就接受了新鲜事物，当即拍板第二天就可以把柜子拉过来试一试，可柜子还在工厂里呢。

　　离开省交通厅已经是下午了，向阳焦急地叫上几个小伙伴一起赶到工厂，把还没有组装好的设备拉回公司。几个小伙伴从当天下午开始，整整干了一个通宵再加一个上午，终于在第二天下午的时候快马加鞭地把刚刚组装好的设备及时送到了省交通厅，生怕人家过了新鲜劲就变卦了。第一个用户从此诞生，这可是友宝电子的第一单买卖，大家给柜子起名为"邮宝"。

　　有了第一个正式的用户，意味着这种商业模式可以进行大面积推广。向阳带着样机到上海参加了全国创新创业大赛的决赛，现场有位福布斯的记者对他们的创新产生了兴趣。记者给了向阳的同事一张名片，后来发邮件让团队填了一张只有一页纸的简单表格，向阳填完后就没再当回事。

　　2013年3月份公布榜单时，向阳意外地发现自己居然出现在福布斯中国30位30岁以下的创业者榜单，与此同时上榜的都是赫赫有名的创业项目，例如36氪、聚美优品、饿了么等等。

　　那时候邮宝项目还是零收入，福布斯评价称：这些已经表现出技术、产品和商业模式创新能力的青年人，他们已经具备很强的创业精神和颠覆能力。榜单出来之后，马上引起了记者的注意。《福州日报》第一个采访过后，许多媒体纷纷转载。

　　几个小伙伴当初使出了全身的解数，一共凑到40万元。这大半年过去了，项目还是一只不会下蛋的公鸡，那微薄的40万元用于产品研发、样机制作、工商注册等之后已经所剩无几。媒体的声音相当于免费为邮宝做了宣传，一个陌生的电话打到了向阳的手机上。

　　对方是一位个人投资人，通过媒体得知这个项目。于是从广州特意跑来福州看了看，只跟向阳聊了短短的一个小时之后便回去了。回去之后一个星期，投资人催向阳赶紧提供卡号，随即把第一笔投资100万元打入卡中。过了几天，剩下的180万元也打入了向阳的账户，第一笔280万元的投资全部到位，占股权的10%。

步步惊心

快递公司为每件存储到邮宝中的物品支付5毛钱，这5毛钱节省了快递员打电话、爬楼梯和等待的时间，提高了2～3倍的工作效率。对于用户来说，除了避免和快递员由于时间地点不一致而造成的麻烦以外，只要将收件地址写为××小区智能快递柜就可以，增强了隐私性，避免个人信息外泄。此外还有两部分收入，一是广告收入，另外一部分是为干洗、生鲜、外卖等提供暂存服务的收入。这个盈利模式一旦明确下来，下面就必须迅速快速扩张、抢占市场。

向阳先是向北京、上海、杭州、武汉几个城市各自派驻了一两名员工，推行了一个多月之后，发现没有效果，反而是差旅费消耗了一大笔。创业导师的建议是：实行小范围标准化的样板市场策略，成功后再大面积复制，通过加盟吸引合作伙伴，并集中自己的优势兵力整合资源和进行产品迭代。

第二天向阳便撤回了所有的办事处，以福州为大本营在本地大面积推广。四五个月下来，基本验证了这套商业模式的可行性。

2013年一年下来，盘算盘算整个公司是相当亏损的。柜体的生产投入、给物业公司缴纳的合作费用等等，光靠5毛钱的快递费简直是入不敷出。为了节省开支，2013年上半年的时候，所有的团队成员每个人每个月只拿500块钱的生活费。2013年下半年才涨到每人1500块钱。投资到位之后，不管是总经理、技术、市场还是什么岗位，每个人的月收入为3000~3500元，这个收入远远低于大学生毕业后正常求职的收入水平，只能拿股权对团队画饼激励。这导致大家在股权架构设计和激励机制方面花费了大量时间和精力去讨论，还没打下江山，就开始惦记着"分饼"。创业导师又给出了很好的建议：过低的工资会导致军心不稳，不利于团队的激励与保留。股权也不能乱用，更不能动不动就随便画饼。

产品的质疑是创业团队的另一个挑战。设备本身具有一定的局限性，大件的物品无法存放，货到付款的问题也无法处理。国家邮政局、省邮政局这些监管部门纷纷约谈，邮宝的安全性如何？行业规则如何制定？法律监管条例怎样起草？创业是一条有去无回的单程之旅，只有一个问题一个问题地死磕，步步惊心地解决一个又一个的新问题，还有亡羊补牢地处理老问题，才有可能硬着头皮走下去。

经历了这许多的挑战与磨难，2013年这一年，向阳刚刚本科毕业。

上当受骗

2014年，为了避免福州这个人才洼地无法吸引技术人才的现实，向阳决定把研发团队搬到杭州。一是杭州的技术人才相对充沛，二是离上海的几大快递总部只有一个小时的高铁。

本以为选址不是什么大事，便宜就好，向阳便放心地让一名杭州同事去办理此事。当大家入驻到杭州下沙的科技园之后，才发现这里距离市区有20多公里，招聘是件很困难的事情。好不容易约上的应聘者还会时不时爽约，这里的交通实在是太不方便了。

两三个月下来，由于招聘工作迟迟没有进展，向阳狠下决心将办公地址搬到市区。这次，需要安排一位成熟有经验的同事来负责新址的选择，尽快保证公司正常开展业务。

陶哥毛遂自荐地承担起了这个任务。陶哥是一年之前在报纸上看到这个项目之后，主动联系向阳以兼职身份加入创业团队的。尽管陶哥在福州还有其他的事情，但一年多的磨合下来，对公司的业务比较了解，而且30多岁的陶哥是当时公司年纪最大的"老"同事，原来在国税局工作，办事沉稳老练，这次由陶哥亲自去杭州选址，一定不会再出什么差错。

陶哥说看到合适的地方就赶紧交订金和租金，稍有犹豫就可能错失良机。向阳给陶哥的卡上打了20万元，谁想到这钱从此就打了水漂，再也没有要回来。

陶哥只给新办公地址交了两万多元的订金，就再也没回来。这十七八万块钱对于一个入不敷出、锱铢必较的创业团队来说，无疑是一笔要命的巨款。向阳无奈之下只得报了案，杭州的公安局说人是福州的，需要福州警方配合调查。福州的公安局说案件是在杭州发生的，需要杭州警方协助处理。双方一来二去踢起了皮球，后来也没了着落。

尚在亏损的创业公司，军心不稳、产品还没有定型、商业模式也相对单一，再被一个熟悉而亲近的人骗去一笔巨款，真是屋漏偏逢连夜雨，船迟又遇打头风。

2014年是向阳本科毕业之后的第一年，与初入职场的同龄人相比，他觉得自己的内心已经饱经沧桑了。

群雄鏖战

2013年刚刚在福布斯上榜时，向阳是最早进入这片蓝海市场的，几乎没有竞争对手，因此在创业创新大赛中一举夺魁。2013年国家邮局在制定智能快递行业标准时，总共有五家公司共同参与标准制定，除了顺丰、圆通和京东这三家快递或电商的行业巨头以外，剩下两家只有福州友宝和北京校园100这两个学生创业的公司。可谁知道，短短半年多的时间，一下子杀出几个巨大的竞争对手，简直把草根创业的邮宝给压扁了。

虎视眈眈的竞争对手来了。谁先抢占市场，谁就能够获得先发优势。而且，市场从来不相信眼泪。

仿佛是一夜之间，广阔的蓝海市场无情地变成激烈的红海市场，智能快递柜嗖嗖地冒了出来。"速递易"是由成都三泰电子实业股份有限公司（上市公司）研发的一款24小时快递自助服务平台，比邮宝早三个月左右；"收件宝"是金融机构上海富友推出的自助取快递24小时社区便民服务终端；"丰巢"是顺丰、申通、中通、韵达共同联手投资高达5亿元的智能快递柜业务；"日日顺"是海尔旗下价值过百亿的物联网品牌。行业中的前四家每家都是上亿资金的大手笔、重资产投入，个个娘家非富即贵。

起步最早、目前市场排名第五位的邮宝是向阳依靠开调味品小店的父母的那点资金启动的创业项目，资金和背景跟那几只巨头相比，那简直就是几只霸王龙和一只小白兔的体量。这只小白兔一无雄厚的资金实力、二无强硬的母公司背景、三无高薪聘请的职业经理人队伍，小白兔仅仅凭借着一个没毕业的大学生的个人决策力和行动力，傲骨铮铮地稳持一方天地。小白兔心中始终坚守着一个信念：轻资产，重价值。

向阳仔仔细细地计算过，每个网点投资2～3万元，回收期2～3年，行业第一阶段拼的是速度。在没有竞争之前，物业通常收取2000块钱的租金，对手进入后将租金哄抬到3000块钱。这50%的成本对于几个学生创业的公司来说，是一笔巨大的成本追加。当竞争对手把市场定价拉高过后，小公司就会被置于被动的位置。

硬拼肯定不是办法，向阳的策略是避免与巨头的近距离肉搏战，快速在二线城市跑马圈地。只要先行一步与物业签订合作协议，等那些巨头再杀过来时物业就必须面临排他协议的法律风险，那些巨头也必须付出额外的代价。2015年，邮宝智能快递目前已经覆盖15个以上的城市、1000余个网点，平均每天存储快递超过两万件。

2015年友宝科技营业收入突破千万元，毛利率达到35%，实现了盈亏平衡。这一年，是向阳毕业之后的第二年。

人心莫测

说好一起往前走，走着走着，一个个却又改变主意了。

高中暑假向阳本来拉着几个同学一起做遥控直升飞机，大家说好了一起动手做、一起摆摊卖，没过几天，有人要去学车，有人要去旅游，有人不愿意天天出来在太阳下曝晒，最后只剩下向阳自己在大雁塔顶着烈日把所有的遥控飞机统统卖掉。

大二参加比赛的时候，向阳就开始物色未来的搭档。他像猎头一样，不断地到竞争对手那里去"挖人"。向阳关注每个学院的官网，看到某某同学得奖，向阳马上就去主动结识。在没有建立起信任关系的时候，向阳就通过团委书记去疏通引荐。

2012年之前，创业并不被看好，那几年大学生最热门的选择是当公务员。算下来，平均每找十个人只有一个愿意尝试和向阳合作。有些人起初很投入，坚持不久便会反悔。有些人意愿留下，但真到毕业时又禁不住offer的诱惑而改变想法。有些人跟着向阳走了一程，最后还是因为要报考公务员而离开。

有次向阳在一个300多人的群里热血澎湃地发了个英雄帖，诚邀有识之士共同合作，结果只有一个人给他回复。平均100个人里，能够与向阳一起走到今天的不过两三个人。

2012年6月份，向阳想办法联系到所有能联系的、有想法的同学，把他们召集到一个教室里，还请了一位人工智能的老师、一位软件开发的老师坐镇把关。当着这三十多个同学的面，向阳就像路演一样把他的智能存储柜项目介绍给大家，满怀信心地打打鸡血，忽悠忽悠愿景，本以为会有大多数同学愿意尝试合作。最后也只有十来个同学留下来，经过一个暑假的考验，又走掉一半。再经过一年的考验，到了毕业的时候，只剩下三个同学愿意留下来与向阳共同前行。

在公司刚刚开始从社会上吸收新同事的时候，团队以开放包容的心态吸收了各式各样独特的人。有放弃一万的月薪想要加入这个项目的，有外地人看了报纸以后特意跑来加盟团队的，有裸辞之后直奔友宝科技过来的，还有通过同学朋友拐弯抹角联系到就紧贴上来的，大家都将自己定位为公司的合伙人。

头一年不仅经营亏损，大家的薪资水平都非常低，而且还被骗了十七八万。几个挫折下来，呼啦啦走掉一大片。

有人看不到前景，有人觉得期权与期望差别太大，陆陆续续辞职而去。只有那3位从大三就在一起的小伙伴，一起经历了所有的痛苦与欢乐，心无旁骛地守着邮宝，看着它一点一点地长大和遍地开花。

风雨彩虹

创业3年，友宝科技实现盈亏平衡。智能快递柜邮宝成功地解决了最后一公里的问题，给自己、给投资人、给一起走到今天的伙伴交出了一份答卷。

2014年，友宝科技实现营收700万元；与汇通、韵达、中粮我买网达成战略合作；2015年，实现营收1500万元；入驻阿里孵化器，获得中国青年APP大赛冠军；2016年，预计实现营收3000万元。

除了收发快件以外，新的产品还将发挥两项重要的价值。

一是解决上课玩手机的问题。大课堂上课时，老师完成二、三百名同学的点名就至少需要10分钟，而且还无法判断是否冒名顶替。课前学生把手机放在手机暂存柜里，老师的手机APP可自动扫描到场的同学，及时掌握出勤率。融入游戏化的激励措施和平时成绩的记录，让存手机变成一种更易于90后和00后接受的趣事。尤其适合部队、保密单位、中学这些对于使用手机有强制性要求的组织。

二是提高用户和快递员的发件效率。当你打电话叫了快递之后，只能干等，有时等上一两个小时也不稀奇。如果有个类似Uber的软件能够让用户时时看到周围分布的快递员在哪里，快递员可以根据用户的距离直接抢单。同时快递员的手机可以像导航一样显示各家用户的位置分布，软件自动计算出最佳路线。不仅价格公开透明，而且服务完成过后用户可以在软件上直接进行服务评价。

毕业两年，创业三年。同学们大多还处于职场新人打造的阶段，好一点的能当上管培生，两三年只是一般人一辈子中很小很小的一部分。创业者的日子从来不以"年"为单位，他们必须每天一小变、每月一大变、每季一巨变，能活下来的，首先要跑得过时间，几乎每天都要做出关乎未来的决策。对于向阳来说，这三年就像活了三辈子，吃过亏、上过当、受过骗；着过急、赔过钱、寒过心；哭过笑过，绝望过也憧憬过；大喜大悲过也大起大落过。同样是26岁的年纪，很多人还没有完成第一次的职业晋升，1989年出生的向阳已经在打造一家生机勃勃的上市公司了。

真心英雄

大学时期，你是怎样度过的？

有人忙着竞选干部，有人乐于谈场恋爱，有人喜欢参加社团；有人疲于考公务员，有人苦于考研出国；有人勤学苦读，有人逍遥自在。有人尽力而为，有人全力以赴，这才是最大的差别。

创业的想法，许多年轻人都曾经有过，甚至尝试过。能把创业当作一种活法的，才算是真心英雄。

> 灿烂星空，谁是真的英雄，
> 全力以赴我们心中的梦。
> 不经历风雨，怎么见彩虹；
> 没有人能随随便便成功！

人才知了

从"决策力"解读应向阳的创业基因

《财富》杂志公布的最新数据表明：创业失败率高达70%，而创业决策失误是导致创业失败的一个重要原因。

"决策"（Decision-making）的意思就是做出决定或选择。它是指通过分析、比较，在若干种可供选择的方案中选定最优方案的过程。

大学毕业生将会面临许多选择：工作、考研、出国、考公务员等等。在心理学中，选择的困局是：越多选择，越难满足。

心理学家在超市里实行了一场果酱实验。在一家美食家食品专卖店里摆了一些高品质的果酱和品尝小样。在其中的一次测试中，他们提供了6种不同的品种，而在另一次测试中，他们提供了24种。研究结果表明，在果酱种类较少的测试中，最终有30%的人购买了一瓶果酱。而在果酱选择范围更大的测试中，只有3%的顾客买了商品。果酱实验名声在外，使得"选择困局"成了众所周知的心理学现象之一。

向阳认准一件事情，就会步步为营、层层推进。他首先做出狭义的创业决策，决定"是否创业"这个基本问题。然后通过自己当快递员去进行市场调研对潜在的创业机会做出识别，以及通过生成团队、募集资金、推广用户等等有计划、有目的的步骤和策略，实现对创业模式的选择以及对风险投资活动的认知、判断的广义决策过程。

心理学家研究发现，创业者所采用的决策方式明显不同于传统的管理决策方式。

创业决策过程受到多个因素的影响，作为创业活动主体的创业者，在该过程中起着主导作用；而认知因素作为创业者的主观因素，对创业活动的产生和发展也有着重要作用。

由于创业活动的复杂性和不确定性高于通常的管理活动，因此在面临创业决策时，创业者受到认知偏差的影响表现得尤为显著。

事实上，创业者和管理者都会面临着风险决策的问题，但是创业者做出决策时面对的不确定性更大，所承担的责任也会比管理者大，因此面临的风险也会超过管理者决策时面临的风险。

尽管创业者和非创业者在风险承担上没有差异，但两者在如何评价商业环境方面的确存在差异：与非创业者相比，创业者往往会比较乐观地看待环境，常用一些"更有优势""机会"和"回报潜力"等肯定性词语来描述环境。

与管理者相比，创业者更倾向于采用有偏的启发式决策，而不会死抱经典的决策理论和模型不放。

随着科学技术的高速发展以及社会经济的不断进步，创业决策并不能仅仅限于"是否创业""为何创业"以及"怎么创业"等问题上，而是要综合考虑各方面的因素，这些因素主要有：创业环境的变化、创业资源的多样性、创业模式的发展等。

覃珂樌

意志力：顽强的野番薯
——超级励志的"纵极物联网"

覃珂樌， 男，1989年出生。2009年从广西偏僻的小山村考入上海理工大学计算机专业，毕业后创建了上海纵级物联网有限公司。在创业初期希望保持战略的独立性，完全依靠自己在大学期间的积蓄开始创业。在短短两年的时间里，公司已有60余人的团队、年销售收入超过三千万元。现在也是上海理工大学的创业导师。

覃珂槚，乍看上去，这个名字大多数人都不敢读出来。覃姓，是广西常见的一个汉族和少数民族一起使用的姓氏；珂代表斧玉；槚（jiǎ）是茶树的意思。这个名字作为带有生活写照的符号，表达了广西和贵州交界的一个农民父亲，对自己儿子的人生预期。

很难想象这位"85后"的CEO，现在从事着最具创新、也最能够体现时代色彩的"互联网+"概念的事业，从小是在一个既不通公路也没有电的闭塞山村里，天黑点着煤油灯，主食靠吃番薯长大的农村娃娃。

《唐顿庄园》里的贵族老夫人始终不肯安装电灯，因为电灯并不是她人生中的一部分，而是一个陌生的外来物种；所以无论电灯多么方便，也无法参与到老夫人的生活当中。我们常常误以为，互联网作为一种在我们长大之后才开始兴起的新生事物，能够真正地理解它一定是由于从小便接触到互联网，互联网的各种习惯已经在成长的过程中潜移默化地植入大脑之后，我们才能拥有互联网的思维方式。然而对于珂槚这个彻头彻尾的、乡僻闭塞的山村娃娃来说，他必须完全颠覆自己儿时的思维模式，才能有今天坐在上海办公室里，帮助传统企业玩转"互联网+"业务的资本。

住在杂货铺里的"流浪"小孩

六岁，要走四个小时的山路才能到达学校，对于一个小孩这是一件不可能完成的事情。爸爸思来想去，觉得不能让斧柄和茶树的日子真的统治珂樾一辈子。于是，爸爸下狠心把珂樾送到山下村里的小学读书。乡村的小学没有食堂也没有宿舍，爸爸跟在附近开小杂货铺子的老乡商量好，在库房里给珂樾收拾出一个小角落，这就是珂樾小学六年的小窝。

黑黑瘦瘦的珂樾一直营养不良，父母长期不在身边的小孩总是缺乏安全感。村子里几个霸气的小孩四五成群地闲逛，看到脏兮兮的、没人管的小珂樾时常会上来欺负一番。珂樾小小的心里既委屈又憋闷，心有不甘又无还手之力。

爸妈不在身边，得自己想办法解决问题。珂樾跟着他乡来烧木炭的一位师傅学了点三脚猫式的武术，不为别的，只为防身，还有就为自己争口气。终于有一天，他扭着瘦瘦的小身子，拼了命一般一口气打过了三个小孩，这才头一次扬眉吐气，一扫往日的心里阴影。

这次打架过后，珂樾倒是明白多了。原来受欺负的时候，除了可怜自己以外别无出路。这次不要命地打赢了之后，反倒为自己的潜能而喝彩了。强者愈强，弱者愈弱；强则自强，弱则隐藏，这走到哪都是硬道理。

从小学到中学，其间辍学过好几次，都是因为家里没钱交学费。珂樾和爸爸都知道，如果自己不是读书这块料，就趁早别耽误家里的钱和工夫，不如早早回去扛着斧柄围着茶树转悠。一想到要回到连电都没有的小村里，四面的大山像监狱一般让人抬不起头来，这种压抑和恐惧远比被其他小孩揍一顿更让人感到无力与溃败。

强者更强，弱者更弱。与其坐以待毙，倒不如由弱变强。既然没有退路，那就闭着眼睛往前冲。珂槚从小学到中学的历次考试都保持着第一，这让爸妈看到了告别茶树的希望。质朴的农民父母深深地期待着：他们的儿子以后可以成为村长，那是一个在他们的世界里，最真实和触手可及的"职业生涯"。

精武门，大上海

火车一路路过江浙沪、安徽与湖南，第一次看到外面这么多平整的土地，这个画面让18岁的珂槚热泪盈眶。他的家乡甚至没有整块的土地，大大小小的石头铺垫着坎坷崎岖的童年。山上的雨水冲下来时，七零八落的石头会无情地破坏父母血汗种出的玉米，而他只能目睹这一切而却无力去改变。在还没有到达上海的旅途中，大片漂亮的土地、婀娜多姿的植物，还有宽阔的公路和开阔的视野，这些窗外的风景就已经让他万分激动，身体所有的细胞都充满了新生的喜悦。

珂槚看过的第一部电视剧是《精武门》，珂槚的热血随着老师办公室里一台老式的黑白电视机喷薄着，上海成为他心目中最高级、也最向往的地方。

上海，非得要来上海不可。珂槚高考的四个志愿都在上海，第一复旦，后面是上海交大、同济、上海理工。成绩超过一本线80多分，还是只差几分没去成同济。这个结果让好多人都有些惋惜，珂樌却觉得：只要能来上海，他什么都愿意。

对他影响最大的书是李嘉诚的那本。书里讲到成功的85%取决于人脉，15%取决于专业知识，这句话牢牢地刻在珂樌的脑袋里。大一的时候自己创立了大学生第一个社会实践社团，利用长方形的校区占据了有利的地理位置优势，把从教学楼到寝室中间唯一的通道上挂满横幅和单页，在3000多人的院系新生里吸引了八百多个大一新生加入，风头大大地超过了真正的学生会和团委这些官方组织。那么努力读书冲出了闭塞的小山村，现在必须努力改变农村小孩的乡土气质，建立社交自信。

大一的时候才开始接触计算机这个新鲜的玩意。别人报一个计算机课程，珂樌就像电视剧里的陈真痴迷地学习迷踪拳一般，如饥似渴地报了计算机老师所有的课程，把老师开的8门课全报了，人称陈老师的"大弟子"。整个大一期间，建立人脉和接触计算机这两件事情，成为珂樌走进现代社会的第一个台阶。

大二的时候，仿佛从农业社会一下子穿越到商品社会的珂樌，开始渐渐地理解这个繁华如梦的世界和她的商业规则。2010年第41届世界博览会在上海举办，珂樌发现购票信息和渠道都相对滞后，一些旅行社手里有票源但却没有足够的推销渠道。珂樌抓住这个契机，和几个同学一起在炎炎烈日下推销，每张票的利润空间在30～50元，卖出几千张票就能够足足赚到丰厚的一大笔。前一天手头还拮据得锱铢必较，突然真实地拥有了这厚厚的一大沓百元大钞，一下子觉得人生变得非常有质感。这是珂樌第一次见到几万块钱放在一起是什么样子的，这笔钱不仅意味着他大学四年的全部学费生活费都有了着落，而且还能够回报家里一些。

赚到了人生的第一桶金之后，可以更好地规划自己的未来。大三的时候，珂槚去外面又报了几个班，专注地学习互联网知识。同时他找了刚刚起步的技术+运营的小公司去实习，刚开始的时候是做销售，很快他便发挥自己在社团扩充人脉的才能，成为学生身份的总监级销售骨干。珂槚不仅打工，还投了五万块钱入股5%，成为公司的五名合伙股东之一。如今这家公司已经由名不见经传的小公司发展为估值两亿元的企业。

当时的业务主要是做海运、船舶行业的服务中介平台，把国外的采购单分拆和翻译，然后通过在线支付进行担保，一点一滴地积累到几百万的用户数据，把商品和船东进行匹配。在这个充满未知和变数的环境下，创业团队由于缺乏信心而一个一个地离开了。

在经济学中有个术语叫作"沉没成本"。是指由于过去的决策已经发生了的，而不能由现在或将来的任何决策改变的成本。这些已经发生不可收回的支出，如时间、金钱、精力等称为"沉没成本"（Sunk Cost）。珂槚在思考是否要坚持下去的时候，不仅是看这件事对自己有没有好处，而且也看过去是不是已经在这件事情上有过投入。这一年多在时间、精力方面的投入，既然已经是付出且不可收回的成本；那么就需要拿出当初像告别斧头和茶树时的决心，不能轻言放弃。

把成本变为资本，让每一段经历都成为宝贵的财富。珂槚开始在互联网行业聚集具体的方向，在上海杨浦区的大学生创业园区用了六个月时间开发了B2B平台。很快，这个项目就被这家公司的客户看中了，客户投资1000万元完成收购，成为公司的大股东。

投资方作为战略资本入股后，业务方向就必须与大股东的战略相匹配。

从山村里走出来不仅仅是为了改变生活品质，还需要增加人生的分量。珂楄并不习惯轻飘飘的日子，也并不打算早早地享受拥有了财务自由之后的悠闲。他喜欢让自己忙碌起来，做点实实在在的事情，那才能真真切切地感受到精武门陈真的血性气魄。

大学四年，珂楄彻头彻尾地实现了对自己的再造。从茶树、番薯、精武，到计算机、互联网、万物联网，珂楄和陈真一样希望个人顽强和希望出人头地。大一建立人脉，大二积累资金，大三一边自学武艺、一边释放能量。学习、补习、外加实习；既是学生、又在打工、还是股东。各种积累在大四的时候集中爆发，一个吃番薯长大的孩子，在大学期间挣到的钱已经超过一般大学生毕业3～5年的全部收入。

万物成长，万物联网

信息时代与工作时代结合，叫作"产业互联网"。往今后看，真正的智能时代的开启是以万物联网（Internet of Everything，简称LOE）为标志的。到了这个阶段，人、流程、数据、万物均被连接到一起。这是一个以移动应用为中心的世界。这个市场有多大的潜力？根据美国思科公司的估计，目前全球有99.4%的实体尚未联网，LOE创造的市场机会可达14.4万亿美元。

一旦人、流程、数据和事物均被连接到一起，将势不可挡地迸发出巨大的潜力，信息将被转化为行动，实现新的能力，提供丰富的体验，为企业、个人以及国家提供空前的经济机遇。

从行业情况来看，制造业从LOE获取的经济价值最大，高达27%，零售业以 11%次之，信息服务和金融保险业并列第三位，均为9%。这个数字就像迷踪拳的拳谱一样令珂榉激动万分。

自己目前还没有能力做实体，不过却有一门独家功夫去打天下，那就是软件技术。现在产业升级的背景是"传统+互联网"，在原来的传统产业上加上互联网的概念，本质上还是新一轮的水泥+鼠标。未来珂榉要打造"互联网+产业"的平台，以互联网作为产业的基础，去加载万物。

有一家做缝纫机的传统制造业想"触网"转型，遇到的第一个大问题就是线上和线下的利益冲突。原来的营销都是通过线下的经销商和业务员去实现的，企业自己做线上营销的话，势必冲击经销商的既得利益，而配送、维修等属地化的服务需求又必须依赖经销商的短距离服务。

第二个大问题是整个行业的互联网属性不强，缝纫机产业的客户都是服装制造企业，这些企业没有上网习惯。因此缝纫机厂就没办法接触到客户，客户依旧掌握在经销商手里。

珂榉提出的解决方案是四个字：线上租赁。工业品的流转必须借力于经销商的服务网络优势，对于已经习惯赚取销售差价的经销商来说，在赚取差价以外又能够额外增加一块新的租赁业务，这为日后一部分客户将租赁转化为采购制造了空间。这样经销商就有动力帮助缝纫机企业去推广。同时，客户原本在不同品牌之间的缝纫机设备中决定采购意向时，发现只有这家企业既能买又能租，这便大大提高了客户的购买信心。

这家缝纫机企业在行业里位居前列，目前的年产值有20多亿。珂榉经过调研，发现对于小型服装企业来说，租赁的方式相比采购二手设备能够更灵活地安排资金和风险可控。珂榉设计的O2O商业解决方案无疑是一种双赢的局面，这块新的业务能够增加20%~30%的收益。在"以租代售"的方式中，珂楥除了获取通过数据搭建、用户采集等所实现的互联网服务的价值以外，还在这种可持续的业务中实现了与客户的利益分成。

毕业才三年多，类似的股权或分成式的O2O商业解决方案已经有六七个了，珂楥这支60多人的团队日益壮大，目前包括三个运营部门、五个技术团队，在杭州和哈尔滨设有研发基地。这些年轻人的年龄与珂楥差不多大，有些甚至是同学或校友。跟所有的IT团队一样，人的问题是影响着公司发展的最紧迫、最关键的问题。

创业者是公司最大的天花板，"根源都在前三排，问题就在主席台"。创业公司的一切问题，都源于创业者个人的问题。没见过哪个创业者把失败的原因归咎于员工的，就像小时候自己挨了欺负，也只能自己想办法解决。

坐着破板凳在煤油灯下看书的小孩，奋斗了20年才能够把屁股坐在大上海的office里，长大以后特别能够理解别人对财富的渴望。互联网的本质是共享，而不是占有。每天珂楥都要与一名员工单独谈话；每个星期从周一到周五由各个部门轮流主持分享会；每个月一定要组织一次全公司的集体活动，大家聊聊天、吃吃饭、侃侃大山、畅想畅想未来，在"家文化"中真实而快乐地存在着。独裁并不能成为管理的主旋律，珂楥正在着手组建各个分公司，让优秀的员工大大方方地分享股权，共同成长。

英雄精武，我为谁心动

珂楥的老东家、大三那年实习的海运船务公司的董事长一直在游说珂楥回去做总经理，条件是白给珂楥15%的股份，这家5年做到2亿的公司，15%的股份相当于三千万的身价。珂樾觉得，如果把这个令人动心的数字突然地砸到自己的脑袋上，反而失去了那些扛着斧头、围着茶树的父辈们身上的质朴情怀。

与许多城里长大的孩子不同，珂樾并没有体验过"85后"孩子的甜蜜童年，他的成长完全是一部励志电影，几乎比这一代孩子的父辈们还要艰辛得多。穷的时候会冷眼看世界，小有积蓄后也并没有被互联网的表面浮夸所迷惑。不管是+互联网，还是互联网+，不管软件技术有多么神奇，珂樾知道产业的本质还是那些务实到像番薯一样的东西。好比一个人做O2O平台卖番薯，这是许多互联网白领都有机会能够做到的前端平台，它确实可以解决效率的问题，却不能解决需求扩大的问题，因为番薯的功能并未改变。如果这个番薯除了能够给山里的孩子果腹、给城里的人们尝鲜以外，它还能治病或者从中提炼出新的功能性元素，那么这个产品的需求和背后的潜力才不会被一眼望穿到底。

踏踏实实地创造价值，这才是珂樾的互联网思维。好多前辈和大腕挖苦过这个来自山区的小屁孩，珂樾还是坚持着农民思维中最务实的想法。那些花几万块钱买个包包的举止，依然被珂樾犀利地评价为"有病"，那些浮夸的价值是完全不为其所动的。

没事的时候，珂樾还是最喜欢哼哼着他心里的那首《精武英雄》。

无可挡，
原是我精武英雄，
英雄无不冲动，
谁阻挡凌辱，我怎去遵从！

坚持人的尊重，

谁瑟缩中偷生，

坚持人的骄傲，

谁瑟缩中偷生！

人才知了

从"意志力"解读覃珂梗的创业基因

为什么有人戒烟总是失败？为什么有人减肥总是不能成功？人人都知道"意志力"（Willpower）的可贵，却很少有人深思其背后强大的自我力量。

心理学发现，"意志力"作为一种重要的心理能量，不仅是人格中的重要组成因素，同时对人的一生有着重大影响。

心理学史上最有名的意志力实验是属于20世纪60年代米歇尔教授所做的"延迟满足"实验。心理学家们把幼儿园的小朋友带到一个单独的房间，在他们面前摆一颗他们爱吃的棉花糖。孩子们有两种选择：一是马上吃掉这颗棉花糖；二是也可以选择等老师到来时再吃。如果他们能等到老师到来，那么他们将能额外再得到一颗棉花糖。

这可真难为这些孩子了。一些孩子还没等实验员走开，就已经把棉花糖塞嘴里了。另一些孩子稍好一些。最初他们告诉自己，我不吃，我只是舔舔。慢慢地，舔舔变成了咬一小口，咬一小口又变成了咬半边，最后，既然半边都没了，再留半边有什么意义呢？于是棉花糖也下肚了。

真正有抱负的，是那些苦苦挣扎的孩子。有些孩子蒙上了自己的眼睛，眼不见为净。有些孩子开始踢桌子来转移注意。另一些孩子甚至揪起了自己的小辫，通过疼痛来转移诱惑，颇有头悬梁锥刺股的风范。最后，约有三分之一的孩子成功抵御住了棉花糖的诱惑，获得了额外的一颗棉花糖。

心理学家追踪调查了这批人的学习、生活、心理健康、人际关系等方面的表现，从高中一直到步入中年。研究发现了令人震惊的规则，当初这些幼儿园小朋友面对棉花糖时候的表现，居然能够预测他们的学业成绩、工作业绩、情绪状况、人际关系，甚至能够预测他们生活是否幸福。

覃珂樌就是这样一位拥有强大意志力的创业者，他清楚地知道自己的梦想是推动中国的传统制造业向电商模式转型，为此他婉拒了物流信息公司运营总监的职位和股权，放弃了被投资人控股后，改变业务方向的首家创业公司的管理权，踏踏实实地做自己现在能够主导方向的公司，只为离自己的梦想更近一步，而做这些决定的时候，他只有25岁。这些一般年轻人无法拒绝的诱惑和价码，在他看来并不能与心中的梦想相提并论，他说，创业是一种情怀，与金钱和权力无关。

也许有人推测这位小覃家境优越，并不需要物质的激励，然而恰恰相反，覃珂樌出身贫寒，住在杂货铺的仓库里、吃着番薯长大，从一个既不通电、也不通公路的广西小山村考到上海的大学，依靠着坚强的意志力实现了他的大上海英雄梦。

覃珂樌的起点几乎无任何优势可言——上大学前从来没有见过广袤的平原，没有接触过计算机，他清楚地知道自己的短板，为自己设立不同阶段的目标，一步步朝着目标前进。他本来是市场营销专业，但他很早就意识到互联网是未来创业的沃土，IT技术是不可或缺的核心技能，为此他如饥似渴地把学校里开设的计算机课程都上了个遍，同时还额外报培训班，苦练编程技术，仅用两三年时间就从一个从来没摸过键盘的IT盲修炼成了编程高手，这里面付出的艰辛相信只有他自己最清楚，这份毅力也正是青年创业者最可贵的品质。

覃珂榗有着超越实际年龄的成熟，面对不同年龄段的客户均能应对自如，他对自己的艰辛成长经历侃侃而谈，笑称自己依然很"屌丝"，对这一路走过来的辛酸轻描淡写。也许对于有着高意志力品质的人来说，过去的劣势正是他们奋发图强的动力，他们不自卑、不甘心、不信命、不言弃，靠着朴素的理想和执念，驱使着汩汩清泉，澎湃地涌向心中的梦想之花。

因此，有人这样来形容意志力：它既是科学的励志，又是励志的科学。

李磊

乐观体验：光阴的分界线
——"会分期"教你"会理财"

李磊，男，1988年出生，西安邮电大学网络工程专业，"会分期"创始人、CEO。他于2014年12月开始创业做"会找房"项目，并获得天使投资人肖军、闫志峰、李圆峰的天使投资。2014年底在市场环境骤变的情况下，他决定切入租房分期市场，建立先发优势。2015年3月底"会分期"正式上线。2015年5月，获得源码资本和P2P平台银客网的3500万元人民币A轮投资。

颠沛流离的甜蜜

漂泊是这个小孩的生活常态。

爸妈都是个体户,靠着四处做点小买卖养家糊口。每年寒暑假为了能够与爸爸妈妈短暂地相聚那么几十天,孩童时期的李磊在所有的假期都穿梭于五湖四海,追随着父母的足迹,银川、山西、河南、内蒙古……爸妈在哪里,哪里就是真正的家;这种颠沛流离的温馨,是李磊对童年的甜蜜回忆。

弹球、拍洋画、和泥巴,每天日出而起、日落而息;天津武清农村的小孩每一个都是这样长大。四五岁时,小李磊曾经跟着做小买卖的爸妈在北京待了一年多,白天爸妈出门做小买卖,小李磊就被送去附近的幼儿园。这个四五岁的小不点,每天好奇地看着北京川流不息的车流中,步履匆匆的行人怀着各自的心事,每个人都努力地在这个陌生的城市里改写自己的命运。他们来自天南海北,来自各行各业,他们在普通话和乡音之间不断地切换着语言频道,他们在心里腾出一个地方,把对家的眷恋暂时封存。长大以后,他们有一个共同的名字：北漂一族。

佶大的城市，熙熙攘攘的人流。谁也不知道北京到底有多大，到底有多少人。我要留下，李磊默默地凝视着这个巨大的城市机器对自己说。

从百度到百度

百度，这是多么让人兴奋的两个字！李磊自己也不知道自己为什么这么走运。2009年部门总共只有两个百度实习的名额，自己居然是其中的一个。在这个永远不乏才子的互联网城堡中，唯有自己不是来自"985"和"211"那些牛气冲天的名校，实在让李磊倍感压力。

只有豁出去，才能留下来。高考结束后，所有同学都去尽情地挥霍青春，李磊却用了整整一个夏天，提前自学完了大一的基础课程和CCNA、MASE等专业课程。当有一天我们开始回过头来向青春加以追溯的时候，她可以不足够完美，但是不能留有遗憾。在百度这个人才济济的地方，不拿出一股子蛮力气，就会让这段日子成为青春的祭品。

百度的大数据业务刚刚开始起步，部门里所有的同事都是摸着石头过河。五环外，上地；这是一个不被北京人称为北京的地方，街区里满眼都是疲惫不堪的IT男。李磊每天早上八点到公司，这样不仅避免了早高峰在地铁里被挤得前心贴后背，而且能够在享受了大公司丰盛的早餐福利之后，能够有那么片刻的时间收拾下心理，整理整理自己的思路。

有那么一拨出租车司机是专门拉百度员工下班的。每天晚上九点以后，这些出租车的师傅们才开始陆陆续续、不慌不忙地把车停到上地十街那个灯火通明的大厦门口，静静地等着刚刚完成当天工作的百度员工。李磊每天要在办公室里工作到晚上11点过后，经常连这些百度专属的司机师傅都早已看不到踪影了。

每天除了五六个小时用来睡觉，其余全部的时间都对着电脑。一年多下来，李磊这个硬朗的农村娃开始头晕目眩、手脚发麻。后脖子就像没上油的破合页一样吱嘎吱嘎作响。僵硬的手指就像鸡爪子，再也不能用来拍洋画了。

身体是革命的本钱，不能再当"码农"了。蜡黄的面色和僵直的脖子下面，内心创业的小火苗越来越旺盛。从百度出来，李磊决定转型，在腾讯做了两年产品经理。人才流动本身就是这个行业的新鲜血液，转了一个圈之后，李磊又回到百度，在互联网医疗行业商业化这个领域里畅游他的职业生涯。

互联网这个行业的奇妙在于它旺盛的生命力，它就像一只精力充沛的精灵，淘气而神秘。IT技术日新月异的发展，里面永远有无尽的空间给人留下想象的余地。离开学校已有六年，李磊还是每天都如初见一般，感觉到工作的新奇与挑战。

缩短光阴的分界线

小时候，光阴的分界线是寒暑假，"家"的美好时光被两个假期温情地分割着。成为北漂一族之后，光阴被平整地切分为四个部分，并有了人人皆知的专业用语——押一付三。

押一付三是最常见、也是最短的房租付款方式，蕴藏着每一个北漂对"家"这个刚需所产生的临时性的眷恋。

以一套3000元/月的一居室为例，首次交房租就面临着12000元的费用支出。对于刚毕业不久，手头拮据而又需要租房的毕业生而言，动辄上万的季度房租分明是一把冰冷锋利的铜戒尺，每过三个月就对你来上一次无情的考验。

这个痛点让李磊彻底地转变了对自己的职业规划。2014年9月开始，丝毫不了解市场的李磊，开始对北京的租房市场进行深度调研。先是假冒租客，跟中介的业务员聊天，像剥洋葱似的弄清一层一层的背后究竟是什么。跟房东聊天时没人愿意搭理，就以逗狗为由去搭讪，了解房东的诉求和担忧。

从9月27日到12月初，一共深入沟通了200多个房地产中介的老板、400多个中介从业人员，平均一天要想各种办法聊上十来个人，李磊清楚地记得这个时间节点。这种需要满足多方利益和痛点的商业模式中，如果不能牢牢把握每一方的诉求，这个产品根本不可能成功。

正准备如火如荼地大干一场，老天却毫不留情地来了个倾盆大雨。12月10日，"会找房"上线，类似爱屋吉屋的模式。一周过后，市场发生了两个大动作：爱屋吉屋获得大额C轮融资，链家开始做丁丁租房。"一个特别有钱，一个特别有资源，那我拼了命也只能做个老三。"顺境和逆境只是角度不同而已，这两个行业大佬的高调运作反而让李磊更加清晰了未来的发展方向。既然与大佬在红海竞争中毫无优势，那么就在他们不在意的缝隙中发现契机。

市场环境骤变之下，他决定切入租房分期市场，建立先发优势。租房分期领域的创业者极少，模式尚未被验证。李磊也在摸索如何推广这个产品，于是他既做中介又做金融，一边运营"会找房"，一边运营"会分期"。直到2015年3月底，他认为会分期模式被验证，才停掉会找房，全面开始运营会分期。

一般来说，消费品金融的两大核心是：获客能力、风控模型。李磊认为一方面要通过业务打磨风控模型，结合业务特殊性建立适合租房分期的风控模型。另一方面，对新的业务模式而言，囤积用户也至关重要。那时，会分期还算是一个新模式，租房行业匮乏信任，推广难度可想而知。行业的特殊性决定了会分期不单单是一个互联网金融产品。

这款改变北漂毕业生生存模式的产品于2015年3月正式上线。随后获得源码资本和P2P平台银客网的3500万元人民币A轮投资。用户付房租只需"押一付一"，会分期直接将剩下的租金垫付给房东，此后的每个月，用户将当月房款还给会分期即可。

嗜血的资本和打了鸡血的团队

融资不是目的，上市也不是目的。李磊很清醒，所有的资本都是嗜血的。如果不快速产生业绩，获取回报；再会讲故事也活不下去。

2015年4月份，每月成交几十单。2015年7月份，业绩飙升到每月几千单。3个月里，他都做了些什么？

3500万元人民币对于作为一个互联网金融平台是件相当有底气的事情，粮草虽已充足，随时蓄势待发，但用户量却迟迟无法突破，订单量增长缓慢。

从小远离父母的孩子，内心往往非常敏感。渴望受到关注的孩子，长大以后也善于细腻地把握他人的微妙想法。会分期的用户是谁？谁更容易接受新模式？李磊巧妙地发现：好面子的"80后"即便用了分期付款，也不会告诉别人。"90后"更容易接受并传播新鲜事物，对于好东西的态度是赶紧用、哥们儿一起分享。于是，李磊把目标用户锁定为毕业3年左右的年轻人，在最大程度上缩减了放款所需要的时间，最快可做到5分钟内放款，极大地提高了这些年轻的北漂一族的生活尊严。

"会分期"和传统金融的风控逻辑不一样，传统金融风控点在于"人"的偿还能力和意愿，而会分期的风控逻辑在于租客退租后将房屋进行转租，降低了房东的空租风险，也让房东不再为房屋出租花费心思。同时，会分期还接入多家征信系统，基于大数据的筛选可以于审核阶段剔除劣质申请人。

做小生意的父母一直告诫李磊一个朴素的经商之道：从来就没有什么一夜暴富的神话，农村娃就是要比别人都踏实。要想让数以千万计的用户知道并相信我，最终选择我的服务，李磊没有什么新奇的办法，只有一单一单去死磕。

从零到一的过程是最考验创业者信心的。对于一个一年才能与父母相聚两次的孩子来说，他知道只有首先让对方接受自己、喜欢自己、信任自己，才有可能接受自己的产品。在农村，家家户户串门都不会空着手去，多少要带点东西。李磊买了烟酒、饮料，对中介小老板致以隆重的问候，终于有了第一家店愿意开始尝试。

从一到十的过程是最考验创业团队的信念的。李磊是团队中跑得最远、最多的一个，他把这个称之为"小中介扫街"。北京的街头密布着数万家房产中介的门店，挨家挨户地逐个击破绝对是个体力活。团队成员曾经天真地以为，来到互联网公司，从此就是拥有股权的高级人物了。谁知道这活是劳动密集型+知识密集型的乘法，身板和大脑少了哪一项都玩不转。

每天不管几点结束，李磊和4名团队成员坚持凑在一起开晚会。晚例会有时会从晚上7点，一直开到12点才结束。有多少苦水都可以在此倾泻，说完了心里也痛快了。有人说：我今天走了17公里，脚疼死了！大家会一起带着一不怕苦、二不怕死的南泥湾精神，共同给予他鼓励和温暖。有人说：这么走下去，我什么时候能在北京买房啊？大家便会鸡一嘴、鸭一嘴地帮他分析从中介那里了解的行情，然后跟他一起畅想带着老婆孩子、住进自家房子的那种男人的自豪感。还有的小伙伴今天运气不佳，一肚子的委屈和失意，大家会及时地给他打气、毫不吝啬地送上关怀和支持。只要我们在一起，走在一条共同的道路上；就会累着、痛着并快乐着！

努力化为的业绩就是团队的强心针，4月份一共十来个单子，5月份翻了10倍到了100多单，6月份又翻了10倍，实现了1000多单。这1000多单所承载的，是几千个北漂一族的从容与笃定。

人潮人海，有你有我

采访中，李磊说了一句话：你让别人过得舒服的时候，自己才能过的舒服。大都市的喧嚣哪比得上乡下广袤的田野和新鲜的空气；人与人之间，本应是简简单单却能推心置腹的人际关系。

跟每个星期一定要给妈妈打个电话一样，内部交流分享是始终不变的团队成员共同成长的方式。有时候大家一聊就是七八个小时，又累又饿。聊到这份上，谁都会把掏心窝子的话说出来，大家的心又拉近了一步。

经历过百度、腾讯这样的大公司，李磊清楚一个道理：没有完美的个人，只有完美的团队。找与自己互补的人，让每一个团队成员都受益。只有产生内心的联结，交往才能长久。李磊的这项能力，我们在心理学中称之为共情。

再给自己一年的时间，等到明年的毕业季，李磊要让自己面对浩浩荡荡的北漂新人，对他们说：你们不用再为押金所顾虑，拿着学生证就可以去租房。等你拿到第一个月的工资甚至是拿到第二个月工资的时候，你再还给我。让你们过得更舒服，我自己才能过得舒服。

人潮人海中，有你有我，
相遇相识，相互琢磨。
你不必过分多说，你自己清楚，
你我到底想要做些什么。
不必在乎许多，更不必难过，
终究有一天，你会明白我。
……

天使投资人李圆峰评价说，李磊是一个执行力很赞的创业者，年轻而富有激情，荷尔蒙旺盛，创业正当时！他的学习抗压能力很强，选择自己有着切身感受的行业作为创业方向，相信成功只是时间问题。天生的创业者！值得信赖和托付的合作伙伴、好朋友、好兄弟。

人才知了

从"乐观体验"解读李磊的创业基因

心理学研究表明：从长期来看，乐观者能更好地应对压力，他们生病的次数也更少，寿命也更长，而且他们要比那些消极的人更快乐、更成功。

神经生理学和激素的研究表明：当一个人在思考时，会相应地感受到一股情绪拉力，把人拉向以下两种状态，这两种状态分别被称为积极情感吸引（PEA）和消极情感吸引（NEA）。而这两种状态，都与大脑和身体中的某些生理过程相关，也与情感倾向、认知倾向和行为倾向有关。

当我们处于充满希望的状态时，PEA就被激活：呼吸放慢，血压降低，免疫系统活跃性提高，人们会感到平静乐观，充满希望。反之，如果专注于一些消极因素，则会激活NEA，人们会感到紧张，压力增大，产生悲观和防备情绪；血压上升，呼吸加快，面部肌肉绷紧，身体随时准备承受压力或伤害，并产生紧张反应，血液涌向身体中大的肌肉组织，那些不太重要的神经线路被迫关闭，人与大脑的许多部分就失去联系。重要的是，NEA激活后，大脑失去了以成熟的干细胞制造新神经组织的能力，其结果是学习能力下降。

作为一个与父母长年分离的小孩，李磊并没有产生"留守儿童"的心理阴影。当他在百度工作的时候，在长期高强度的工作状态下，他依旧保持着专注和快乐。当李磊开始自己创业之后，每天像"打了鸡血一样兴奋"，在业务方向不断调整，在租赁市场巨头垄断、消费金融领强手如林的局面下，不断调整自己的方向，坚信目标的实现，呈现出明显的积极主观体验。

"乐观体验"（Optimal Experience）是积极心理学中24项积极人格特质之一，指从事具有挑战性、具有自我奖赏的工作时产生的一种满足和快乐状态，有利于更多地发挥创造性思维。

那些乐观的人总是行动起来而不是在等待着奇迹的发生。那些采取小步走的人往往有更多的机会来达到他们的目标。你应该意识到抱怨负面现实生活是不会带来任何结果的，匀速运动和乐观的心态将打开你的成功之门。乐观的人通常把挑战当成是一种体验。这一战略使他们把注意力放在积极的结果上。

乐观体验有八个特征：

（1）活动具有挑战性，且需要一定技能。

（2）人的注意力完全被活动所吸引。

（3）活动有明确目标。

（4）有清晰的反馈。

（5）人只注意正在干的工作。

（6）人获得一种个人控制感。

（7）人失去了自我意识。

（8）人失去了时间感。

在访谈的时候，有一句话给我留下了深刻的印象："一开始捏造希望，后来是产生希望，再后来是放大希望"。

希望是什么？希望就是相信自己只要坚持下去，一定能够实现人生目标的信念。能够改变这个世界，哪怕一个微视角的样子，这就是李磊心中对人生的信念，也是最重要的出发点，在这个出发点下面，让租房变得更容易，让千千万万城市漂流的心能够过得好一点成为这个充满光芒的微视角。

有梦想的人生是幸福的，而在靠近梦想的过程中，在黑暗中寻找光明，痛苦中自我疗伤的时刻比比皆是。在完成天使轮之后的三四个月里面，始终处于中介公司不认、租客更不认的情况，这个时候他的乐观和信念起到了关键性的作用，先点燃自己，感染客户，慢慢点燃团队和市场。

房地产中介在很多城市人的眼里已经是"坚忍不拔"每天追着房东追着租客的"最橡皮胶"的乙方姿态了。而李磊最开始的时候一天要跑20家中介，被中介"赶出来"，然后"换身衣服再来"，这样的自我突破和乐观态度，怕是比大部分房地产中介还要强。

为了支撑高强度工作，他开始健身，开始爬山，乐观者更健康的原因是不是也来自于对目标的追求？

他说，跑客户脚疼的时候，就开始自己给自己"找乐子"。什么是"乐子"？就是在磨炼中建立自己的乐观体验，聚焦自己正在做的事情，获得能够控制自己和控制他人的体验，而忽略那些生理痛苦和不确定性带来的烦恼。

更难得的是，在他这样的乐观精神带动下，团队也被一点点点燃了，建立了每个人的乐观体验。访谈中，李磊告诉我，只要地产中介和房东某一天谈的时候，对自己的产品开始感兴趣了，他就会回来告诉团队，这事儿有希望，虽然还没有实现合作，但是已经有了"藕断丝连"的希望！每天跑中介回来，晚上就开会，把希望传播给团队，所有的好消息，放大成更大的希望，不断点燃团队的乐观精神，就这样，星火燎原。

在路上奔跑，原本就没有既定的答案，业务路线不断在变，心路就是脚下的道路。

越是乐观者，越是积极地期待着实现日常生活中的那些单个目标。乐观虽然有天生的成分，但是事实证明每个人都可以通过适当的训练变得更为乐观。

乐观者和悲观者之间的差异并不在于目标本身，而在于他们在目标实现之道上的差异。乐观者说"勿弃疗"，悲观者说"然并卵"。

POSTSCRIPT 后 记
心有猛虎，细嗅蔷薇

地库里难掩的创业激情

2015年，北京中关村的电子卖场大片大片地人去楼空。中关村从"中国硅谷"到冷落萧条，总共也就是10年的时间。

地标旁边的中关村E世界被整栋关闭后，把地下车库改造为一个创业团队的办公场地。小一点的公司是一个停车位，大一点的公司是二三个停车位，汽车通道是公用的会议室。地下二层的车库终年不见阳光，一根根分隔车辆的水泥柱依旧光秃秃地保留在原地，偌大的地下宫殿里充满潮湿和灰尘的味道，灰色的水泥墙壁将室内与室外完全隔绝。如果不看手表的话，完全不知道此刻外面是白天还是黑夜。

"上个月我还在香港中环的长江中心59层办公，跟李嘉诚在同一个大厦。李嘉诚在69楼办公，我们在59楼办公。这个月就直接来地库办公了。"一位创业者跟我说。从地库到69层的距离，就是创业者正在攀登的高峰。

地库里，平均每三个月就会有一批人离开，马上又有新的人入驻进来。

甚至是在一个小团队之内，人员更迭的速度也快得令人瞠目。"我在这里已经5个月了，是创始团队的老员工。"一个学生气未脱的创客开心地说道。

我和我的团队在三个多月的时间里，深度采访了100多位创始人。开始的时候，我们得知采访对象曾经在高盛、摩根、甲骨文、麦肯锡这样的世界顶级咨询公司工作过，或者曾经就职于微软、IBM、谷歌这类全球最优秀的高科技企业，又或者来自于百度、腾讯、阿里巴巴这类中国最牛的公司，我们会按照多年塑造的职业习惯，穿着整整齐齐的职业套装与他们见面，就像我们最熟悉不过的商务会谈那样。然后我们惊奇地发现，无论采访对象曾经有过多么闪耀的光环，没有一个人是穿西装打领带与我们沟通的。这些创业者衣着朴素而随意，好多人甚至是圆领衫运动裤的宽松打扮，着装档次甚至不如E世界关闭之前的小商小贩；因为这样可以方便他们在持续工作十几个小时之后，能够随时合衣倒地而睡。

短短三个多月里，有一些刚刚写好的稿子却马上宣布作废。有人是由于与联合创始人分家了，有人是由于后续投资不到位而撤摊了，有人是由于团队散伙而去寻找新的机会了。所有创业者都在做同样一件事情：与时间赛跑。

情怀背后的理性思考

情怀，是创业者最爱说的两个字，没有之一。鼓舞涌动着的情怀是激励他们走向创业的迷药，但却不是临危之下的救心丸，更不是可以力挽狂澜的强心针。情怀的背后，是我们对创业者的个人特质所进行的理性而专业的心理分析。我们一直在寻找一个答案：在心理特质上，什么元素有利于创业成功？

在资本机构和孵化器的支持下，我们对创业者进行了大量的样本分析和实证研究，采集了创业者和企业家身上的核心特征，为他们进行"心理画像"，最终将成果命名为"创业基因"。

创业基因共分为四个大维度，构成一个一横一纵的十字轴，每个维度下面包含着若干小因子。

创业GENE模型

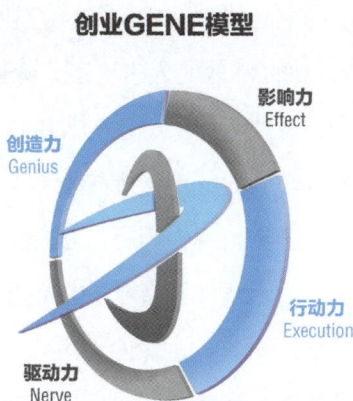

"挑战"与"行动"这两个维度直指目标与实现，意味着对上仰望天空，对下脚踏实地。"向内"与"向外"这两个维度中，"向内"代表着自我驱动与内省反思，促进个体不断完善；"向外"是个体与外界社会互动的体现。这四个维度将"人"与"任务"进行完美的组合，里面的小因子有如中国古建筑的"榫卯结构"一般，这种结构不在于个体的强大，而是互相结合、互相支撑的内在品质。

我们通过一套在线心理测评工具对创业基因进行衡量，然后得出一组数据，这个结论可以实现三个基本功能：

一、自我认知与优势塑造；完善创业者的"能力肖像"，为攀登事业高峰的挑战提供个人成长方面的"登山杖"。

二、团队搭配与效能提升；组建互补型团队，形成稳定高效的团队结构；大量释放每个角色的优势能量。

三、构建中国创业者的人才平台，将优秀的人才数据推荐给资本；为更多的优秀人才提供绽放的契机。

在企业中，人才测评作为人才招募、晋升、培训发展等方面的人力资源管理工具，在国外早已司空见惯，在中国的大企业中的使用中亦已屡见不鲜，它能够帮助企业做出准确而高效的人事决策，降低用人风险。

针对创业者的人才测评工具还是一片待开垦的处女地，创业者缺乏了解自己的"镜子"，也难以像职业经理人那样获得规范的人才评价和成长指导，他们只能依靠着自己的感觉去摸索前行。创业基因这套工具正是在这片方兴未艾的空间中崭露头角，通过一套科学的评价工具准确而客观地进行能力识别，帮助广大创业者及其团队、企业内部孵化的创业项目团队、有志于创业的人们，或者是已经获得一定成功的企业家更加清晰地了解自己的核心特质和减少自我认知的盲区，帮助他们在取长补短的同时，亦能扬长避短；在实现梦想的道路中，通过激发个性优势实现事业上的"弯道超车"。

丈量人类文明进步的尺子

如果把地球的45亿年历史压缩成普通的一天，第一批最简单的单细胞生物出现在凌晨4点那一刻；到了晚上11点的时候，恐龙才迈着缓慢的脚步登上了历史的舞台；直到23时58分43秒，人类才开始蹒跚出现在视野中。如果我们为今天的人类文明和科技进步的速度感到惊叹的话，将来一定会有那么一天，人类会带着同情的眼光，把我们今天的一切视为与中世纪一样经典的古老。

人类出现在午夜前1分17秒。按照这个比例，我们全部有记录的历史不过几秒钟长，一个人的一生仅仅是刹那功夫。我们未来面对的将是像未知宇宙一样广阔深邃的探索空间，"新"，仅仅是片刻的描述，很快就会沉没在历史的漩涡当中。

我们所有创业者的样本全部源于"创新创造型"的创业项目，要么是一种专利的产品，要么是一种创新的服务，要么是一种跨界的组合，要么是一种对传统行业的颠覆性创新。我们认为，当今的创业与七八十年代老一辈的创业有很大的不同：老一辈的创业者是在当时有限的经济结构下，去开辟一片新的空间；而如今的创业者，是在结构性过剩的经济背景下，从无到有地创造一片全新的领域。因此，我们期待着创业基因这个工具，像一把丈量人类文明进步的尺子，将当今有志于在商业领域攀登的人们，进行历史性的衡量和记录，把今天的一刹那载入永恒。

走在一条没有尽头的道路上，我们和每一个创业者一样，心有猛虎，细嗅蔷薇。

吴 忧

2016年元月

感谢为本书提供支持的合作伙伴！

感谢为本书贡献精彩创业故事的企业！

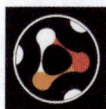